少年科学家

天文与建筑小百科

建筑

[美]世界图书出版公司 编著

燃 点 时 光 工 作 室　译

清華大學出版社

北 京

北京市版权局著作权合同登记号　图字：01-2022-1887

图书在版编目（CIP）数据

少年科学家．天文与建筑小百科 / 美国世界图书出版公司编著；燃点时光工作室译．—北京：清华大学出版社，2023.2
书名原文：Young Scientist
ISBN 978-7-302-60585-0

Ⅰ．①少…　Ⅱ．①美…　②燃…　Ⅲ．①科学知识—少年读物　②天文学—少年读物　③建筑学—少年读物　Ⅳ．① Z228.1 ② P1-49　③ TU-0

中国版本图书馆 CIP 数据核字 (2022) 第 064554 号

责任编辑：陈凌云
封面设计：燃点时光工作室
责任校对：袁　芳
责任印制：杨　艳

出版发行：清华大学出版社
网　　址：http://www.tup.com.cn, http://www.wqbook.com
地　　址：北京清华大学学研大厦 A 座　　邮　　编：100084
社 总 机：010-83470000　　邮　　购：010-62786544
投稿与读者服务：010-62776969, c-service@tup.tsinghua.edu.cn
质量反馈：010-62772015, zhiliang@tup.tsinghua.edu.cn
印 装 者：当纳利（广东）印务有限公司
经　　销：全国新华书店
开　　本：212mm×272mm　　印　　张：7.5　　字　　数：160 千字
版　　次：2023 年 2 月第 1 版　　印　　次：2023 年 2 月第 1 次印刷
定　　价：76.00 元（全二册）

产品编号：095758-01

目录 CONTENTS

建筑结构

有些动物会自己建造巢穴，也有些动物会寻找其他的栖息地。例如，蚯蚓在地下挖洞；贝类生物会发育出外壳，保护它们柔软的身体。

包围结构很安全

巢和洞穴都是由动物们建造出来的结构，壳也是一种结构，动物们恰好可以住进这些结构里，我们称这些结构为包围结构。人类也会建造包围结构，但人类建造的不是巢，而是房屋、办公室、工厂等建筑；也不是洞穴，而是隧道、地下庇护所等场地。

结构的支撑和跨度

结构既能包围物体，又能进行支撑。例如，植物的茎支撑着花朵，灯柱支撑着灯盏，雕像基座支撑着雕像；草莓的枝条在地面上横跨蔓延，在枝条的末端会长出一棵新植株；蜘蛛网可以横跨在两根树枝之间，是一种跨越空间的结构；人类建造的桥梁可以从河岸的这一边延伸到河岸的另一边。

合适的材料

动物使用天然材料建造它们的栖息地，人类在建造结构时也会使用天然材料。但是，科学家和工程师已经发现并制造出数千种新型材料，这意味着人类建造的结构可能会非常庞大，并且十分复杂，许多人造结构都是仿照自然结构设计的。

自然结构

人造结构

结构中的形状

你能想出的结构有几种？结构包括自然结构，比如洞穴、骨骼、树木等；还包括人造结构，比如房屋、桥梁、航空火箭等。这些结构形态各异，但是均属于包围结构、跨度结构或者支撑结构中的一种。

像一棵树或一架飞机这样的结构属于整体结构，整体结构可能看起来非常复杂，但是复杂的结构也都是由较小的结构组成的，而且这些较小的结构往往非常简易。事实上，仅用五种形状便可以组成绝大多数的结构，这五种形状非常重要，但也非常简单，它们分别是平板、圆柱体、立方体、球体和圆锥体。

五种简单的形状

平板

圆柱体

立方体

球体

圆锥体

你可以用橡皮泥制作这些形状，然后把几个形状放在一起，制作出更复杂的结构。

你还可以将这些形状切成两半，或者切成其他更小的形状。

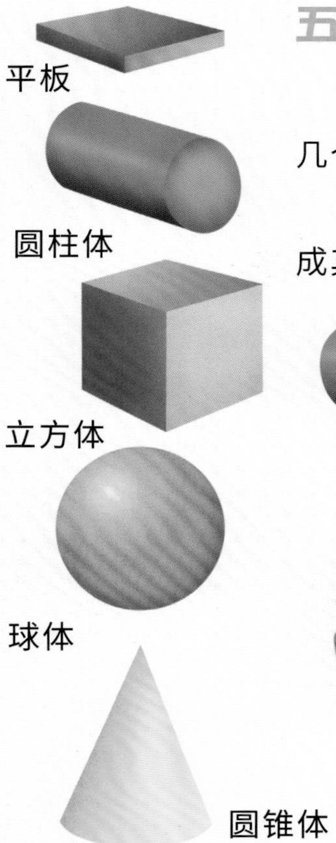

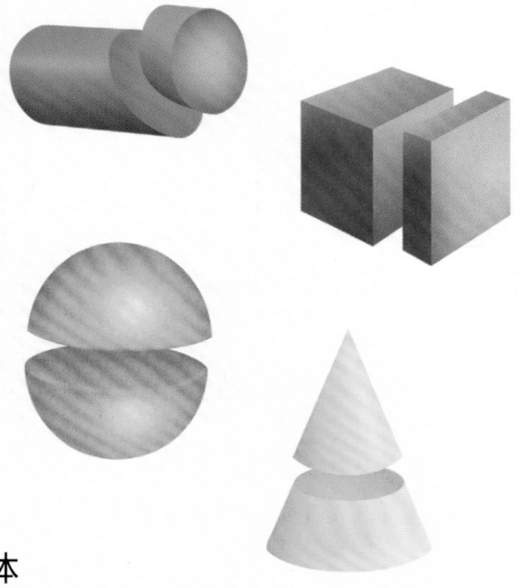

形状之城

仔细观察这座虚拟城市，你在世界各地所能看到的结构均遍布其中，你在里面能找到多少种不同的形状？

材料选择

世界上有成千上万种不同的材料，其中许多都可以用于建造结构，包括天然材料，如木材、石头、棉花、皮革等；也包括人造材料，如混凝土、钢筋、玻璃、塑料等。

合适的材料

不同的结构往往由不同的材料制成。在建造新结构之前，我们必须选择合适的材料，否则新建结构将不能为使用者提供很好的服务。例如，飞机的机身是用轻铝金属板覆盖的，如果机身上覆盖着厚重的钢板，飞机则无法从地面起飞。但是，建造桥梁却常常使用硬钢而不是铝，因为如果用铝造桥，在繁重的交通压力下，铝桥可能会坍塌。

这架飞机的机身是由钢铁制成的，你认为当飞行员驾驶飞机时会发生什么?

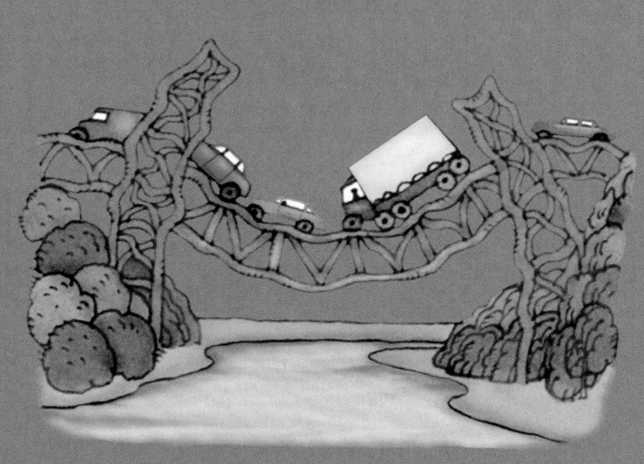

这座铝桥上交通繁重，你看桥体怎么了?

建材性能

为了给每个结构都挑选到合适的材料，我们首先要弄清楚，当一种材料以某种方式被使用时，它的表现会如何?我们可以通过材料的性能进行判断。这个材料是硬的还是软的？是否容易拉伸或者弯曲？它对高温或者水有什么反应？它的重量比其他材料轻还是重？你可以收集不同的材料，并进行更进一步的对比。把你收集到的材料分成天然材料和人工材料两组，然后分别测试它们的性能。

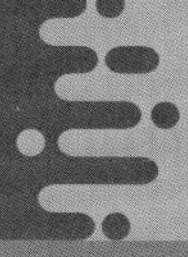

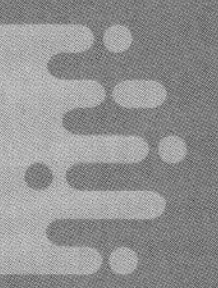

天文与建筑小百科探索　测试材料

请准备

- 收集材料若干
- 1把锉刀
- 1把钳子
- 1把锤子
- 适量水

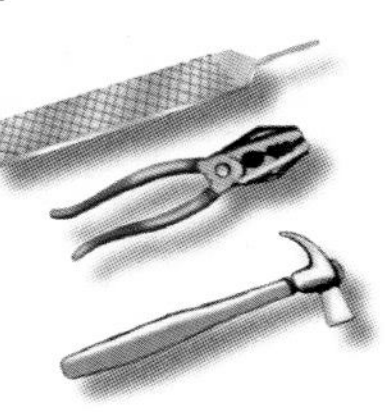

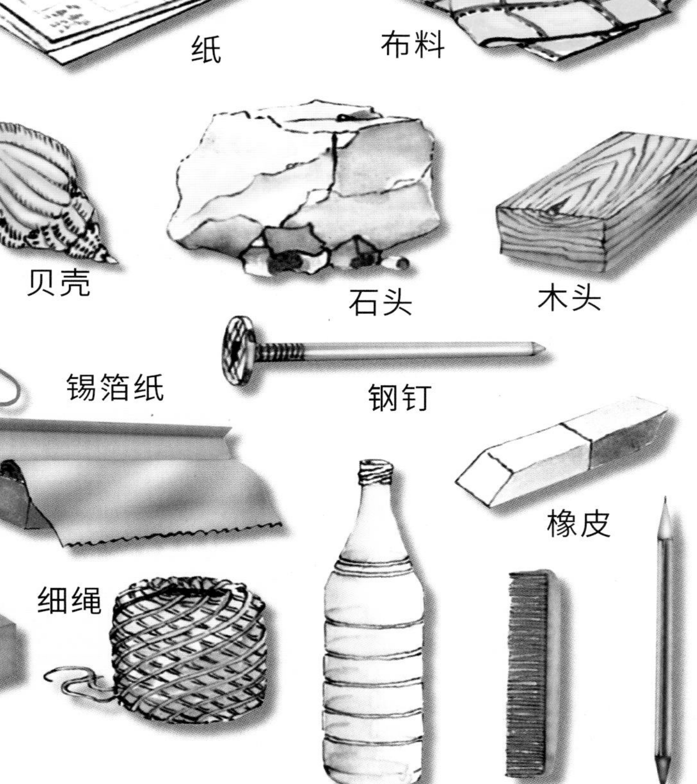

⚠ 带左侧警告标志的实验需要成年人参与。使用工具时请佩戴护目镜，保护好眼睛。

1 用锉刀打磨各类材料，测试它们的硬度。

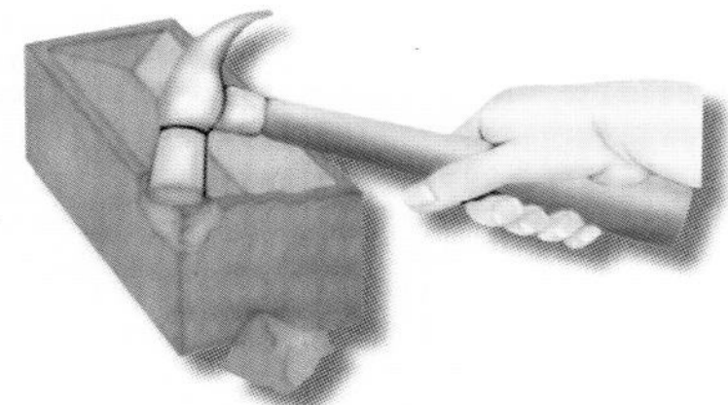

2 用锤子分别进行敲击——这些材料很容易就被敲碎了吗？

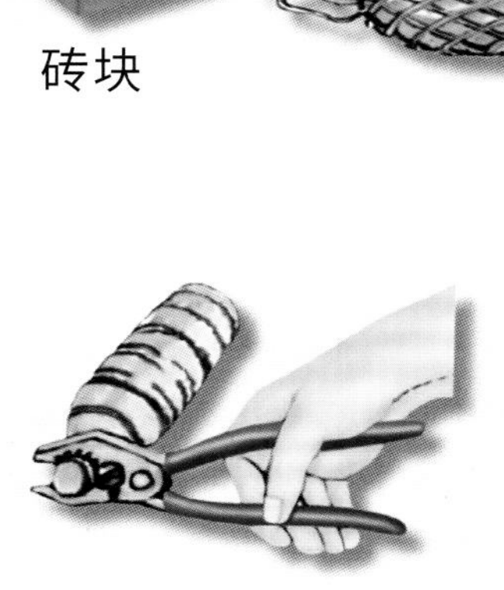

3 用钳子夹住各类材料，看看它们能被夹弯吗？

4 把各类材料放入水中，它们是各自漂浮起来还是沉下去了？

将测试结果记录在本子上。

护具和容器

回想一下那些观看起来趣味横生的运动。一些最有趣的运动往往是竞速类的，但是竞速运动的危险性也很高。摩托车赛车手、橄榄球运动员或冰球运动员在比赛中可能会发生严重的碰撞或擦伤，或者受到其他形式的伤害。因此，这些运动员必须身着特制服装和护具来进行自我防护。

这些特制的服装和护具是为某些职业量身打造的。例如，摩托车赛车手佩戴的头盔是由一种坚硬的玻璃纤维制成的，不会开裂，头盔里面还填充了衬垫，可以缓冲碰撞产生的伤害；冰球运动员会佩戴特殊的手套、护腿和面罩；橄榄球运动员也会在肩膀和大腿上佩戴衬垫。

头盔、手套和肩垫等都属于护具，它们的作用等同于用来保护鸡蛋的软纸壳、包装软饮料的铝罐、包装玩具以及许多其他产品使用的透明塑料壳等。

运动员们头戴头盔、身穿有填充物的服装，他们必须做好自我防护以免受伤。

冰球运动员

橄榄球运动员

摩托车赛车手

这些瓶子形状各异，都是被设计用来盛装液体的。

容器的形状和尺寸

护具和容器都属于结构的一种，就像所有其他的人造结构一样，它们被设计出来必定有所功用。我们可能需要用护具来保护驾驶员的头，也需要用容器盛装液体或者包装固体。容器可能是硬的，也可能是易弯曲的；可能是重的，也可能是轻的；可能是防水的，也可能是多孔易渗透的。和所有的结构一样，容器也由许多不同种类的材料制成。

哪种材料

制造容器使用的材料取决于它所盛装的物品，例如你不能把水装在纸袋里。容器的材料本身必须足够坚固，或者通过加固，能够很好地支撑住盛装物的重量，但容器也要具有轻巧便携的特性。

拔河比赛

“一二！一二！”两支拔河队伍都在奋力地拉着绳子，系在绳子中间的丝带向一个队伍的方向移动了几厘米，但当另一队人再次站稳脚跟，用力拉绳时，丝带便又回移了几厘米。下图中，在绳子两端拔河的各有五人，绳子必须承受由两个方向拉扯产生的拉力的总和。拉力是一种试图将物体分开的力。

拔河比赛使用的绳子十分结实，不会被拉断，我们说这根绳子具有很高的抗拉强度，因为它能承受住试图将它拉断的力。

两队都在全力以赴。绳子在两个方向上都有拉力，如果不结实就会被拉断。

英国的这座建筑之所以能屹立不倒，是因为它的钢缆能使其保持拉力和压力对等。如果有一根钢缆断裂，力就会变得不平衡，一部分楼体就有可能坍塌。

拉力和压力

与拉力相对的是压力，压力是一种试图压碎物体的力。在桥上通行的汽车和卡车会对桥身和地基产生压力，因此，桥梁必须使用不易坍塌的材料来建造。

力的平衡

在一个结构中，每一个需要承载拉力或压力的部位，在其相反的方向都必须由另外一个部位提供一个相等的力，或推或拉，以维持该结构的稳定性。当拉力和压力不相等时，结构就会发生弯曲或者倒塌。

建筑材料

最初的建筑材料都是在人们的居住地附近极易获取的材料。如今的建筑材料则多种多样。下次当你去城市里观光时，可以仔细看看那些建筑，看你能从中辨别出哪些不同种类的材料？

这是一座石头建造的庙宇，它坐落在印度新德里。

石砌体结构

石头是十分坚固的材料，很难对其进行加工和搬运。但也正因为坚硬的特性，石头经常会被用来建造一些重要的建筑物，使建筑物能够在岁月的洗礼中始终屹立不倒。

木结构建筑

木柴易于切割并成型，人们可以将木柴捆绑或钉在一起做成框架，也可以锯成条状做成外墙。几乎任何一种木材都可以用来建造一座简易的房屋。

这些小木屋的墙是用树干做成的，屋顶是用木制瓦片制成的，被称为木瓦。这些房子可以很快并且相当容易地就被建造起来。

可供使用的材料

在今天，许多国家的房屋建造商仍然会在他们最容易获取的材料中挑选建筑材料。在某些地方，建筑材料甚至可能是被压扁的罐头瓶、塑料板或者木箱残片。

现代材料

如今的建筑所用的材料大多是人造材料，钢筋和混凝土帮助我们把建筑物越盖越高，经过特殊工艺加固的玻璃也被用作建筑材料。现在大部分建筑物的结构都是由工厂制造出来的，然后在建筑工地进行组装。

一些新型建筑的外墙由坚固的玻璃纤维复合材料建造而成。

这座位于西印度群岛的房屋是用许多不同的材料建造的。你能认出几种？

砖砌建筑

第一批定居的人选择了在河谷附近建造家园，因为河谷有充足的水源，可以用来灌溉农田。人们慢慢发现将河岸上的泥做成泥块，烘干之后就变成了一种很好用的建筑材料，这就是早期的砖。

这面墙里的砖块一个挨一个地摞在一起。

如今的砖通常是用黏土制成的，黏土是经过数千年的演化被分解成微小颗粒的岩石。从地里挖出黏土后，必须要对其进行“加工”。过去，工人在黏土地里会用脚对黏土进行“加工”，但现在已经改用机器来承担这项工作了。页岩是一种由脱水的黏土形成的岩石，也经常被用于制造砖。

这面墙里的砖错落叠放，和上图的墙相比，哪面墙更坚固？

当黏土中大部分水被挤出后，人们会将它压进模具里。黏土脱模后，呈现砖的形状。

天文与建筑小百科探索

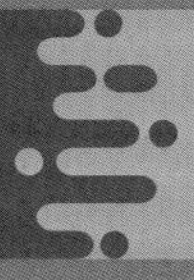

把墙吹倒

请准备

- 砖型积木若干
- 1个小球

视频演示

根据图中的方法用积木搭建两面墙，测试哪面墙更难倒。

1 对着墙吹气，试着把它们吹倒。

2 试着用球分别滚向两面墙，看看哪面墙更坚固。

汉普顿宫位于英国伦敦附近，是一座建于500年前的砖砌宫殿。

砖块又小又轻，一个人就能操作砌砖墙的工作。建筑完工后有一些墙体会被隐蔽起来。隐蔽的墙体通常会使用不太美观的大号砌块，因为大号砌块可以砌得更快。

水泥和混凝土

水泥主要用于制造混凝土，是最重要的建筑材料之一。水泥由石灰（一种工业化学品）和掺水的黏土混合制成。将两种材料相互混合后进行干燥处理，然后烧制，这一系列的操作会制作出一种叫作熟料的糕体，随后熟料被磨成细粉，成为水泥。

水泥加水搅拌后形成浆体，水泥浆体不断变大并相互黏合，当水泥干了以后，浆体就会凝结在一起。瓦工有一种“胶水”，叫作水泥砂浆，是水泥、沙子和水的混合物。砂浆干燥后会变硬，水泥浆体在沙粒周围不断凝结，这样，就可以利用砂浆把砖粘在一起了。

混凝土

混凝土是由水泥、沙子、水和小石子混合制成的。当混凝土还没干时，可以将其倒入模具做成任何形状。随着混凝土变干变硬，水泥会将沙子和小石子凝固在一起，从而形成混凝土块。

混凝土在许多不同的结构中均有应用，如马路、人行道、建筑物的地基和地下室的地面等。当人们使用混凝土建造桥梁和楼房时，通常会将混凝土做成方块的形状，看起来就像一块块的石头一样。混凝土也被用于建造水坝、港口的墙体以及防波堤等建筑。

巨人把这块混凝土板掰得这么弯，马上就要断裂了。

强壮的巨人

假如你是一个非常强壮的巨人，正在试图掰弯一块混凝土板，你觉得接下来会发生什么？混凝土板的顶部会不断被挤压，承受压力，而板的底部将承受拉力。不过，因为混凝土无法拉伸，不能承受拉力，所以板的底部会开裂。

承受压力的混凝土

作用在混凝土梁上的力会对混凝土产生压力，和压力相对的拉力则会拉伸混凝土。压力试图将混凝土挤压在一起，将其压碎，但是混凝土受压的能力很强，这时必须有额外的强度来承受拉力，因为混凝土在受到拉力时很容易开裂。

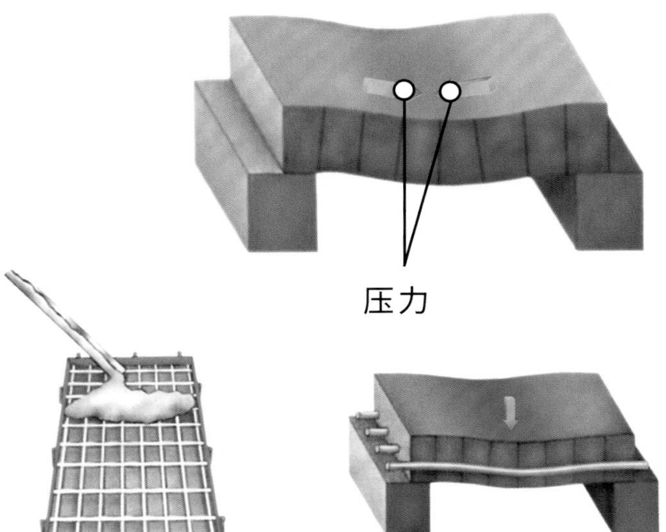

压力

混凝土梁由钢条或钢筋加固而成，被称为钢筋混凝土，可以用来承受重型结构的巨大重量。钢条或钢筋可以用来抵抗拉力，保持梁的底部不开裂。通常，这些钢筋会被绑扎成网格结构。

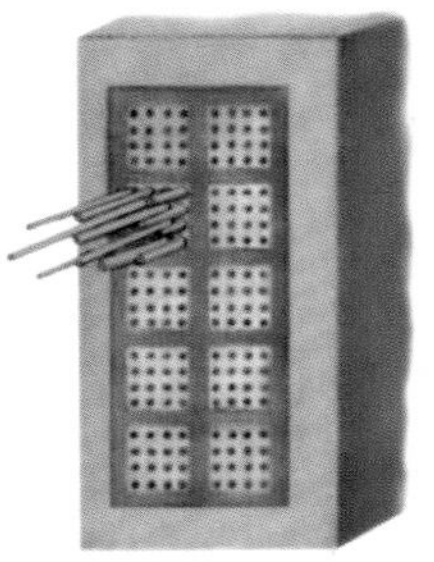

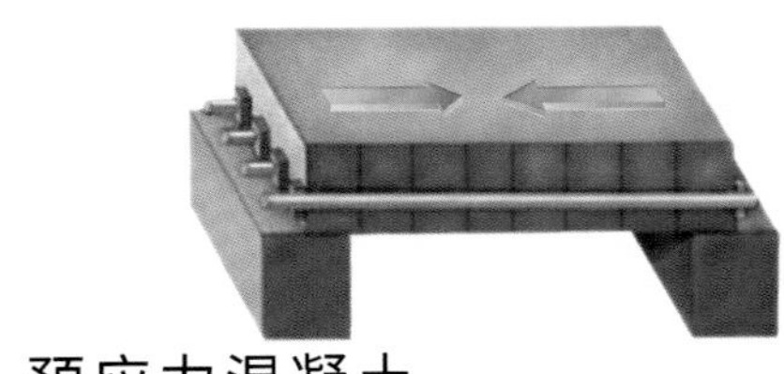

钢筋混凝土

预应力混凝土是一种被加固的材料，加固的方式很特殊：在钢筋周围的混凝土硬化的过程中，钢筋会被拉紧，并固定在相应的位置上，当混凝土变硬后，钢筋才会被松开。这一操作可以压实混凝土，并赋予混凝土更大的强度。预应力混凝土梁能承受比普通钢筋混凝土梁更大的荷载。

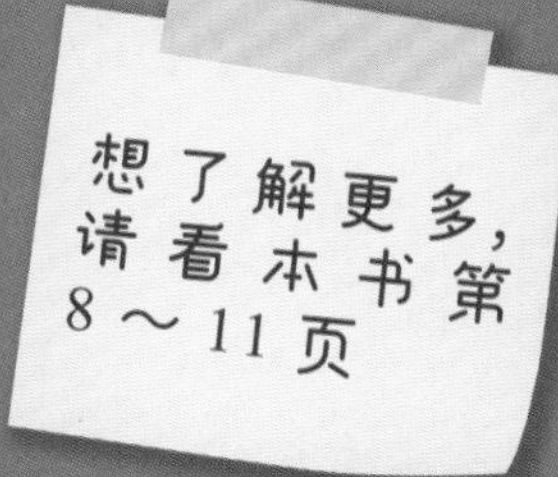

预应力混凝土

想了解更多，请看本书第 8～11 页

位于澳大利亚悉尼的格莱兹维尔大桥是使用预应力混凝土建造的。桥体被分成几部分单独制作，然后在河上进行组装。

结构加固

钢铁很坚固，许多轿车、卡车和轮船的主体都是用钢板组合、固定而成的，但钢是一种很重的金属，所以我们必须让钢板尽可能轻薄。有的轿车车身可能就是由很薄的钢板制成的，薄到你甚至可以徒手将它掰弯。那为什么当你坐进车里的时候，轿车不会弯折下陷呢？答案是：这些薄钢板的结构属于加固钢。

结构加固使轿车、卡车等更结实。为了提升钢板的强度，人们会将钢板弯曲成特殊的形状并用额外的金属片固定，使钢板更加牢固。

天文与建筑小百科探索 加固的作用

你可以利用卡片做一些实验来了解加固的作用。

请准备

- 2本书(厚约5cm)
- 一些同样大小的硬币
- 3张大卡片(10cm×20cm)
- 2张小卡片(5cm×10cm)
- 1把直尺
- 1支铅笔
- 1把钝刀
- 胶水

1. 把两本书放在桌子上，中间间距10cm，把一张大卡片架在两书之间。现在把硬币放在卡片上，直到卡片向下弯曲到刚好触碰到桌子。数数你用了几枚硬币。
2. 在另一张卡片上用尺子和铅笔沿纵向每隔1.25cm画一条线。用钝刀沿卡片上的线轻轻滑刻。将卡片沿着刀痕折起一个个V形，架在两本书之间。然后在卡片上放置硬币，直到卡片向下弯曲并接触到桌子。这次能放多少枚硬币？
3. 用两张小卡片弯成两个独立的U形，用胶水把它们粘在第三张大卡片的背面。把粘好的卡片组合架在两书中间，再次放上硬币，直到卡片弯曲。描述一下这个结构的强度如何。

旋转楼梯

支撑

在热带雨林中，有一些参天大树上面生长着一种叫作扶壁的结构，用来加固树干。扶壁结构有助于保持树干挺直，防止大树倾倒。大型建筑物可以通过石砌的扶壁柱来加固高墙。

建筑物上的扶壁柱

天然贝壳

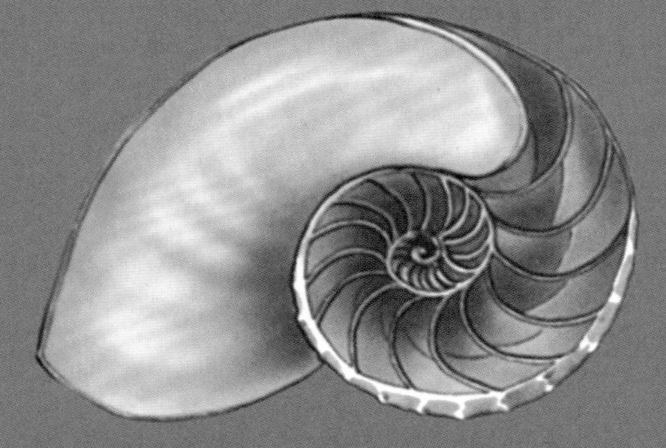

树上的扶壁结构

盘旋结构

鹦鹉螺壳是一种小型海洋动物的家。这种动物会在壳的外缘长出新的结构，以此来扩大外壳的尺寸。呈螺旋状生长的鹦鹉螺壳，在一个相对较小的空间里形成了一个坚固的住所，任何作用于外壳的力都会从中心环向外扩散出去。同理，螺旋楼梯与直楼梯相比，所占空间更小，同时也非常坚固。

钢结构

在许多现代大型建筑外墙的后面，都隐藏着一个由柱和梁组成的框架结构。早期，人们有时会使用铁来制造这种框架结构，但事实证明，钢比铁更耐用，适应性也更强。在美国纽约，大多数著名的摩天大楼都是用钢结构建造的。如今，长桥和中型建筑也可使用预应力混凝土结构来建造。

身为结构工程师的专家们会对建筑的框架结构进行设计，他们会挑选钢的种类，并决定钢结构的框架应该如何进行搭建。大多数钢结构部件，如横梁和主梁等，在安装到整个结构里之前是拼接好的。

钢的缺点

在楼房里，最大的危险之一是火灾。钢材受热时会发生膨胀，一场重大的火灾可能会使钢结构丧失强度，从而导致楼房倒塌。因此，人们通常会将钢结构用混凝土或其他材料包裹起来，以保护钢材免受高温。

钢制桥有时会安装铰链以便桥身能进行轻微的移动。这样，即使在炎热的天气下钢材发生了膨胀，也可以保证安全，桥的结构不会被破坏。

钢结构还有另一个隐患——潮湿的天气和大气污染会造成钢材生锈。这就是用于新型结构的钢材很少外露的原因之一。

在美国纽约港的一个岛上，矗立着高大的自由女神像，它的外壳由铜板制成，里面设有一个由铁和不锈钢制成的坚固框架。

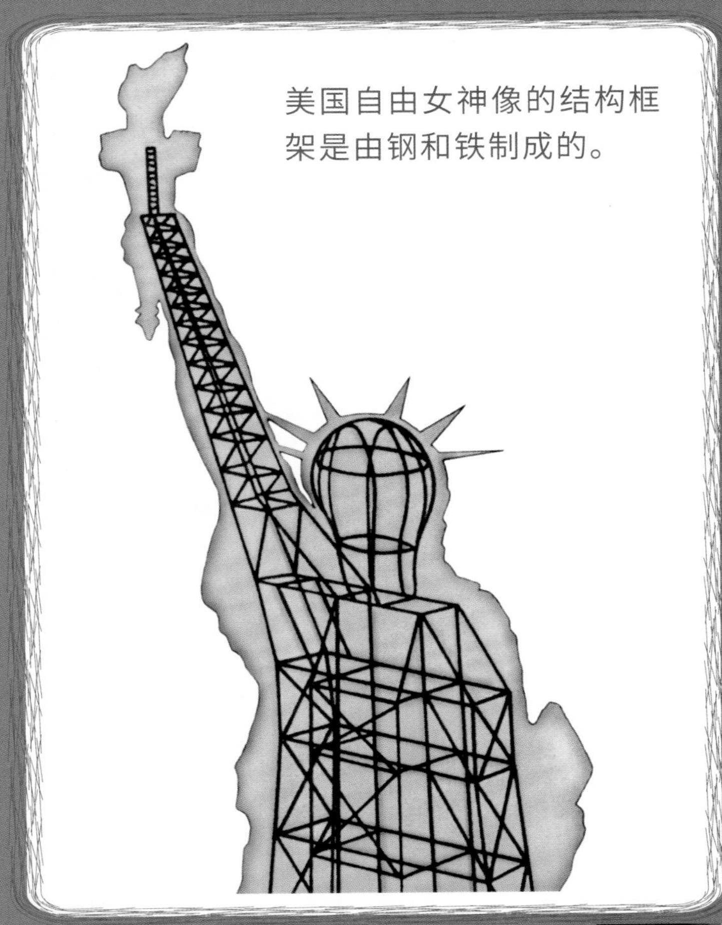

美国自由女神像的结构框架是由钢和铁制成的。

炼制钢铁

钢是铁通过加热和净化后制成的。大多数建筑使用的钢梁都是通过一种叫作轧制的工艺制作出来的。炽热的钢在轧辊之间被挤压成不同的形状。设计这些形状是为了加固横梁，使横梁能更好地承受压力和拉力。

主梁被组装起来，用于支撑大型建筑物的屋顶。

最古老的建筑

想想现代大型建筑工地上的各种机械——推土机、挖掘机、塔式起重机、打桩机、挖沟机……很难想象，在古代大型建筑物是在没有强大机器的情况下被建造出来的，但是古人确实做到了。

大约4000年前，古巴比伦人建造了高大的神庙，被称为金字形神塔；古埃及人也为他们的国王建造了金字塔和宏伟的宫殿；在英国和法国，人们用石头做成环形的巨石阵；在墨西哥，阿兹特克人通过建造庙宇来敬拜太阳神。

他们是如何做到的

这些古人在施工时没有强大的机器作为辅助，他们只能依靠工人们肌肉的力量来进行挖掘、起吊和拖拽等工作。工人们会使用雪橇或滚轴等工具牵拉起巨型石块，当抵达建筑工地时，他们会通过杠杆把石头抬到所需的位置。古人还建造了坡道，这样石块就可以被拖拽到更高的地方去了。

有一些问题是所有建筑者所共同面临的，而当时的工程师们对于这些问题有他们自己的解决方法。例如，当时可能没有用来检查场地平整度的仪器，埃及金字塔的建造者们就在这个工地上挖建了沟渠，并在其中灌满水，等水涨平了，就会露出坑洼和高地，从而测量出土地的平整度。

在古埃及，金字塔的建造者们通过工人们的肌肉力量建造了这些巨大的建筑。

技术考验

墨西哥的阿兹特克人把庙宇建在了金字塔上。但他们可能对古埃及人建造金字塔的方法一无所知，所以阿兹特克人必须自己解决所遇到的建筑难题。其中有些难题非常复杂，即便放到现在，也是对工程师和建筑师技术的一个考验。

当金字塔越建越高时，古人会用泥土和小石块建造坡道。这样石材就可以被拉到高处继续进行修建了。

伟大的金字塔矗立在墨西哥阿兹特克古城——特奥蒂瓦坎的中心。

为了抵御来自北方的入侵者，古代中国人修建了长城，它是史上最长的建筑，绵延近6400km。

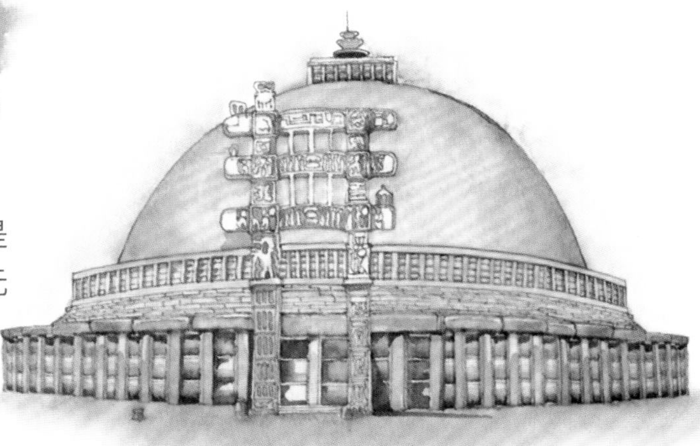

英国的巨石阵是一个巨大的石阵圈，可能是一个宗教活动中心。巨石阵大约始建于公元前2800年，其中有些石头高度接近7m。

位于印度中部的桑吉大塔是一座始建于2000多年前的佛教圣地。

图纸和模型

建筑师会对建筑物进行设计，包括住宅、办公室或者工厂等。建筑设计和建筑结构应与建筑物的用途相适应，必须为居民、居民财产以及他们的特殊需求提供保障，同时，建筑物也应具有美观性。

大型结构，如桥梁或综合体办公楼等，需要建筑师与结构工程师进行合作。工程师负责确定建筑框架的形状和强度，判断建筑是否足够坚固，以及解决各类工程问题等。

建筑师则通过计算机绘制图纸，展示出建筑物的每一个细节，甚至包括其中的电线和管道等。这种类型的设计被称为计算机辅助设计(CAD)。

这位建筑师正在和业主讨论房子的建造问题。

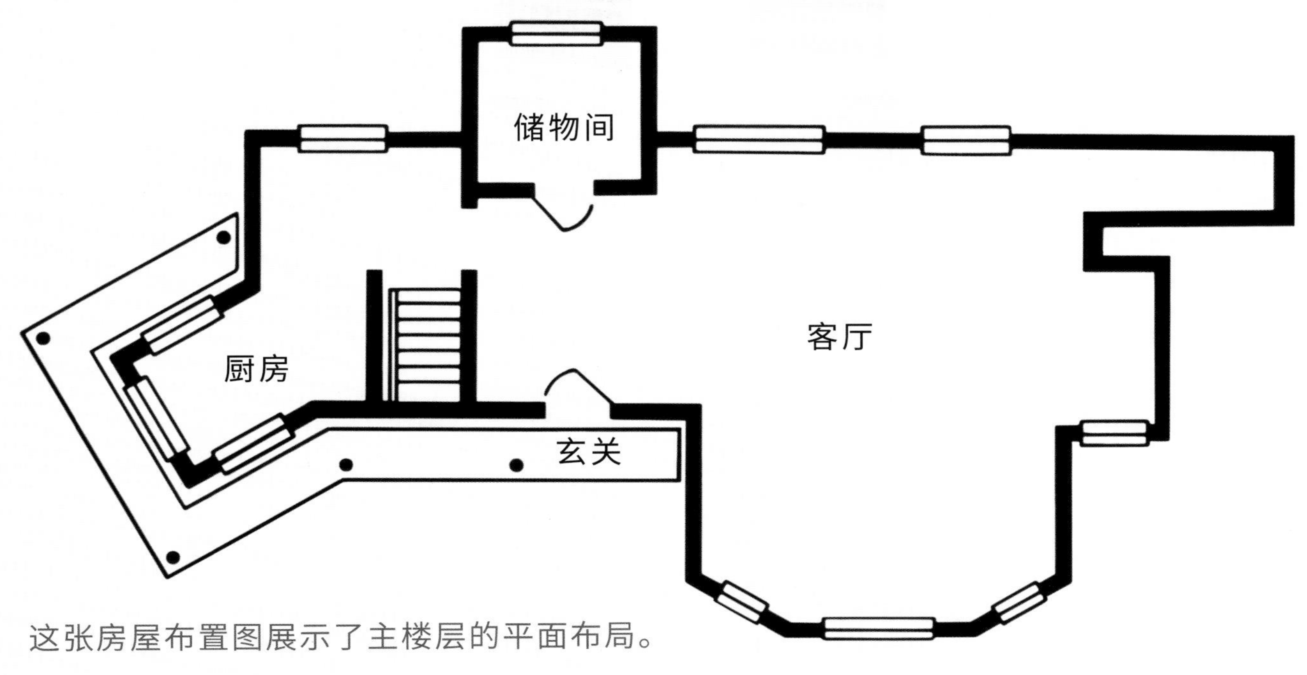

这张房屋布置图展示了主楼层的平面布局。

与众不同的观察方式

建筑物的平面布局可以通过平面图来查看。平面图为人们查看每一层楼提供了一个空中的俯视角度。楼层平面图显示了每个房间、每条走廊以及所有楼梯的布局，并仔细标记了每扇门窗的位置。立面图是显示外墙立面的图纸。

立面图展示了房子的每一侧面的样子。这张立面图展示了房子的正面。

牢固的地基

建造任何建筑的第一项工作，就是准备好所需要的建筑场地。建筑物的整个重量都会压在地基上，所以地基必须很牢固。

工程师首先要弄清楚场地下的土壤或岩石的类型，他们使用一种叫作钻探机的专业设备向地下进行钻探，收集其所钻取的全部土层和岩石的样品，组成岩芯样品，使工程师了解该区域的地下地质情况。

地基的种类

用来支撑建筑物的地基种类各不相同，取决于施工场地的地质。

如果地表附近有岩石层，就可以直接在上面建造墩式基础。

垫在建筑物下面的厚混凝土板式基础或筏板基础可以分散建筑物的重量。

在松软的地面上，可以使用钢筋混凝土桩或混凝土桩来制作桩基础，将建筑物的重量置于坚固的岩石上。

天文与建筑小百科探索　地基测试

如果一个结构拥有坚固的基础，就会更稳定，你可以通过这个实验了解为什么稳定性很重要。

请准备

- 1个透明的空塑料瓶
- 水

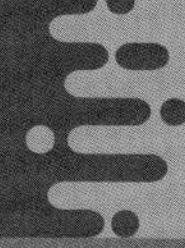

1 把瓶子放在桌子上，试着对着它吹气，但是不需要太用力。

2 倒入3cm高的水，再吹一次。吹倒瓶子变得更难了吗？

屹立不倒

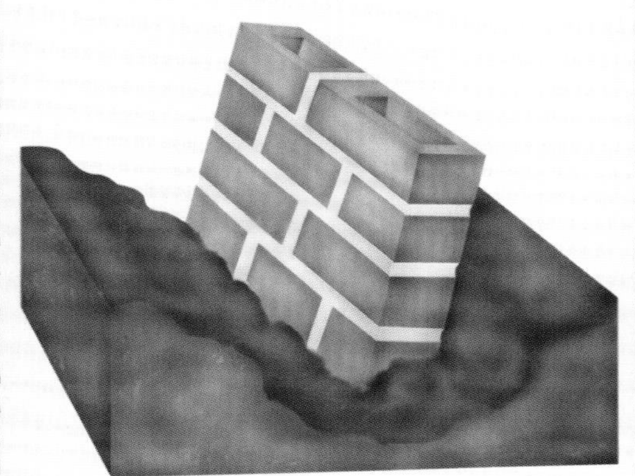

建在松软地面上的墙体可能会倒塌。

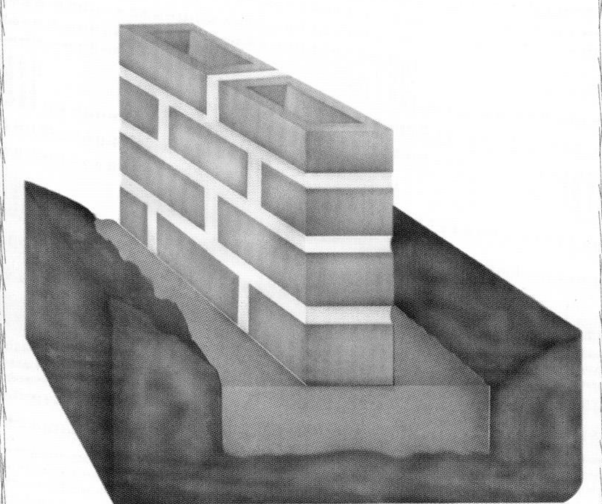

地基保证了墙体的稳定性。

3 看看你是否能找到瓶里所需要的确切的水量，使瓶子不再被吹倒。

意大利比萨斜塔的地基不能为塔体提供均匀的受力支撑。因为下方地面下沉，这座塔曾经倾斜了约4.4m。2001年，工程师们加固了塔的地基，并将塔的顶部拉正了0.44m。

桥梁

桥梁可以让人们越过河流、山谷、交通繁忙的公路和铁路等障碍物。桥梁是最早被建造出来的建筑物之一。当人们开始远行时，发现他们需要越过河流，便开始试图搭建简易桥梁。桥梁技术可以追溯到几千年前，但是现在人们仍在开发新材料，试图找到建造桥梁的新方法。

建造桥梁的方法有很多种，但是也有很多的基本问题需要解决。例如，这条河有多宽？这座桥需要使用多少年？这条河的流速有多快？有突发洪水的可能性吗？有强风吗？这座桥要承受多重的负荷？地基下面是什么类型的岩石或土壤？桥梁的设计方案取决于这些问题的综合解决方案。

法国南部的加德桥是由古罗马人建造的。加德桥是高架渠结构，可以用来疏导水流。它把水输送到了谷底上方48m高的地方。

跨径桥

跨径桥是最简单、最古老的一种桥。最早的跨径桥可能只是一根树干，树干的两端由河岸支撑。后来，人们并排增加了更多的树干，并在树干上铺上木板，形成一个平坦的表面，以便人们通行。这些桥通常用桥墩来支撑，这样即使在河水泛滥时，也能让桥高于水面。

日本建造的这座简易木桥横跨鱼塘，方便人们喂鱼。

拱桥

在4000多年前，古巴比伦人建造了第一座知名的拱桥。最早的拱桥有许多拱洞，用来支撑桥梁路面或疏导运河。后来，又开发出了能够跨越更宽距离的、更加坚固的拱门。

古罗马人会使用石块或砖块来建造拱桥，这些石块或砖块通常是楔形的。工人将它们砌在一起形成一个个拱门，这样会让每一块砖石都能彼此紧靠。拱顶石是一块大楔形石，会被放在拱门的正中间。当重物从桥上经过时，重量会被分散到圆拱各处。

梁式桥

现代的跨径桥通常被称为梁式桥。梁式桥直跨河流，主梁的两端可能由桥墩或河岸上的桥台（一种坚固的平台）支撑。梁式桥中有一种叫作箱形梁桥，它的每根梁看起来就像是一个个长长的空心箱子，连接着每个桥墩，与简易梁相比，这种形状使桥梁具有了更大的强度。

这座钢拱桥横跨澳大利亚悉尼港口，主桥的两侧是梁式桥。

现代桥梁

目前设计和建造的桥梁主要有三种：悬臂桥、悬索桥和斜拉桥。

悬臂桥

悬臂桥是梁式桥的一种，它有两根梁，也叫悬臂，每个悬臂都由桥墩支撑着，桥的中间有一个稍短的部件将两根悬臂连接起来，叫作悬跨。悬臂从桥墩伸出，与另一端的悬臂相互连接，并支撑着位于中心的悬跨。两根悬臂的另一端均通过锚锭与河岸上的桥台相连。悬臂桥也可以有两个以上的悬臂，大多数悬臂桥都是用非常坚固的钢筋和混凝土建造而成的。

悬索桥

悬索桥上的缆索穿过索塔，从桥的一端延伸到另一端，许多侧缆索将主缆索连接到桥面上，并将重量向上转移。悬索桥在使用非常少的材料的情况下，却能跨越很长的距离，但是需要经常对它的路面进行加固，以防止路面在大风中变形开裂。

斜拉桥

斜拉桥是梁式桥和悬臂桥的结合体，拉索直接从公路连接到桥塔上。

这座斜拉桥连接桥梁路面和桥塔的钢索只有一根，有些桥会有更多的钢索。

苏格兰福斯铁路桥始建于1890年，是第一座大型悬臂桥，至今仍是世界上最大的建筑之一。

韦拉扎诺海峡悬索桥横跨美国纽约港的入口，建于1964年，是世界上最长的悬索桥之一。

桁架式塔

你知道起重机的起重吊臂和高压线电塔有什么共同之处吗？这两者都很长，结构中均含有细钢带，而且同样非常坚固。起重吊臂帮助人们吊起重物，高压线电塔将超长的电缆高高地悬挂在半空中，这两种结构都是通过特殊的方式将细钢带组装而成的，被称为桁架结构。人们采取在对角线加设斜纹钢筋的办法，对钢筋笼的水平和垂直方向进行双向加固，便形成了桁架结构。该结构可以防止笼体弯曲。对角线钢筋的排列方式有多种，但最坚固的方式是使其构成三角形。

建造无线电电杆

无线电发射天线通常是由钢制桁架式电杆来支撑的，有些电杆约有100多米高，大多数是由三根主钢筋制成一个三角形结构，而这些主钢筋又是由较短的钢筋制成的小三角形组合而成的。电杆不会倾倒，是因为坚固的支撑电线的牵索从电杆上连接到地面，从而形成更多的三角形，使电杆变得更加稳固。

试着用塑料吸管做一个桁架式电线杆模型，你也许能够做出一个高达1m的模型塔。

天文与建筑小百科探索

测试形状

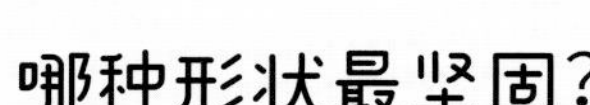

哪种形状最坚固？

请准备

- 截成10cm和15cm的吸管
- 陶泥

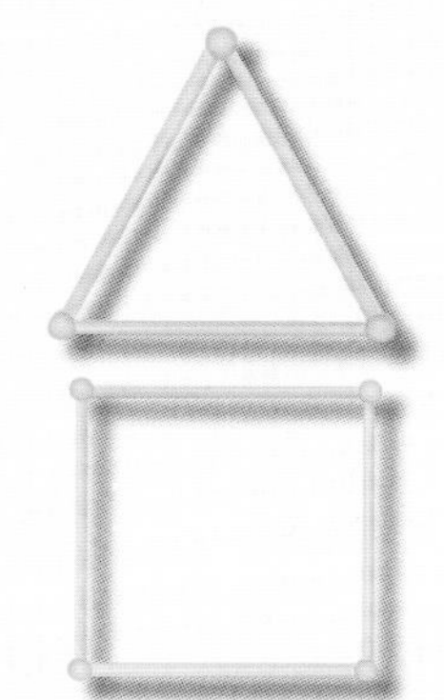

1. 用陶泥把三根吸管连接成一个三角形，然后再用四根吸管做一个正方形。
2. 把做好的正方形和三角形立在桌子上，分别向它们施加压力，看看哪一个能维持原状更久一些。

你会发现这个正方形的角很容易弯曲，而三角形的角不易弯曲。

埃菲尔铁塔是1889年巴黎世博会的主要景点。该塔为网络桁架式塔，注意观察该结构中所有的三角形。

天文与建筑小百科探索　加固笼

再做一个实验测试一下三角形的强度。

视频演示

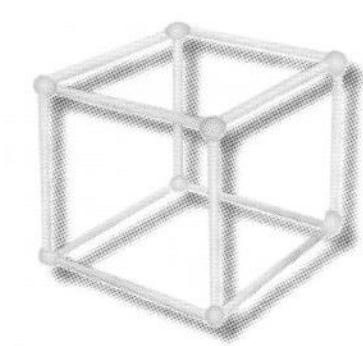

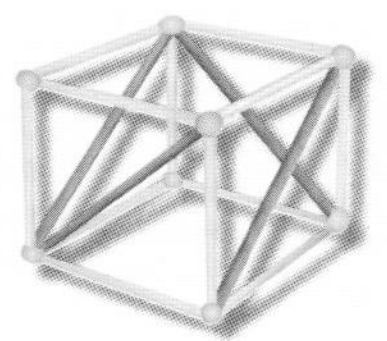

1 用吸管把正方形连在一起做成一个立方体。把立方体放在桌子上，用手按压。你会发现很容易就能把这个立方体压扁了。

想一想在哪个位置增添吸管能让立方体更坚固呢？

2 用较长的吸管连接立方体中的正方形两边的对角。这次当你再向下压的时候，这些三角形可以帮助立方体保持原状。

石油钻井平台

海上的建筑物必须能够承受巨大的外力。飓风肆虐、海浪冲击以及水下强烈的洋流都可能在海底冲击建筑物。

石油钻井平台屹立在海平面上，将石油从海底抽上来。钻井平台是有史以来人类建造的最大的建筑物之一，有些钻井平台会建在水下300m或更深的海底结构上。海上钻井大多数都是钢结构，为甲板或平台工作区提供支撑的水下钢结构部件被称为导管架。导管架是由钢管搭接而成的结构，可以形成坚固的网状框架，用于抽取石油的管道正好可以装在导管架里面。

钻井平台建设完成后，通常会高出海面约25m。

可移动式钻井平台

导管架被安装在可移动钻井平台的一侧。在平台未使用时，导管架会漂浮在气缸上。当平台准备就绪，坠物会把导管架拖入到海里相应的位置。随着气缸慢慢被灌满水，导管架会先倾斜，然后直立在海上。巨型钢制支腿会插入海底，以固定平台的位置。有时人们也会使用混凝土制成的沉箱来固定平台。

有时，我们还会使用半潜式钻井平台，这种平台会浮在海面上，由巨大的气体浮箱支撑着，平台下部的钢缆把平台牢牢地固定在海底。半潜式平台通常用于对钻井的探测和勘查，因为它们易于从一个海域转移到另一个海域。

石油钻井平台可以搭载在巨型船舶的甲板上。

把钻井平台固定到海底有几种不同的方式。一些平台会使用混凝土支柱，这些支柱还可以用来存储石油；还有一些平台则使用较长的钢制支柱或巨型钢缆。

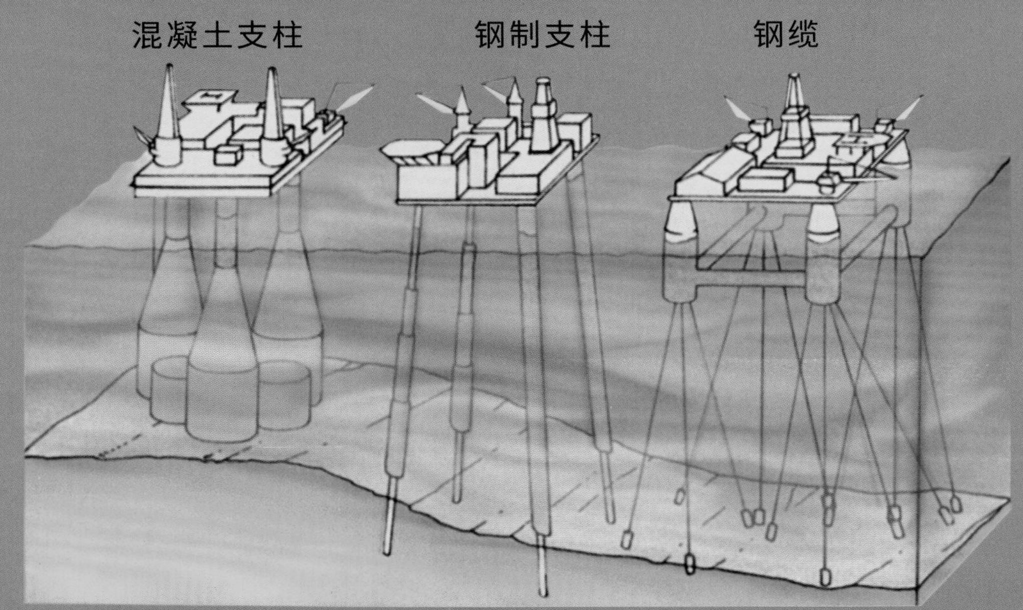

摩天大楼

位于中国南部海岸的香港居住着约700万人口，其坐落于山海之间，地域狭小，那里的人们居住在层层叠叠的公寓楼里。摩天大楼——正如它的字面意思一样，让人们能够在有限的空间里解决工作和生活的问题。在美国的纽约和芝加哥、日本东京、巴西圣保罗等城市，摩天大楼均闻名遐迩。

第一幢摩天大楼始建于100多年前的芝加哥。这座摩天大楼虽然只有10层，但它是第一个具有金属框架结构的建筑物。框架不是由墙构成的，而是由铁制和钢制梁组成的结构，用以支撑建筑物。钢材的应用在摩天大楼的建设中是一个重要的转折点，钢比铁更坚固、更轻便，这使得建造超高结构有了可能。金属框架的表面被一种面板覆盖，我们称之为围护结构。

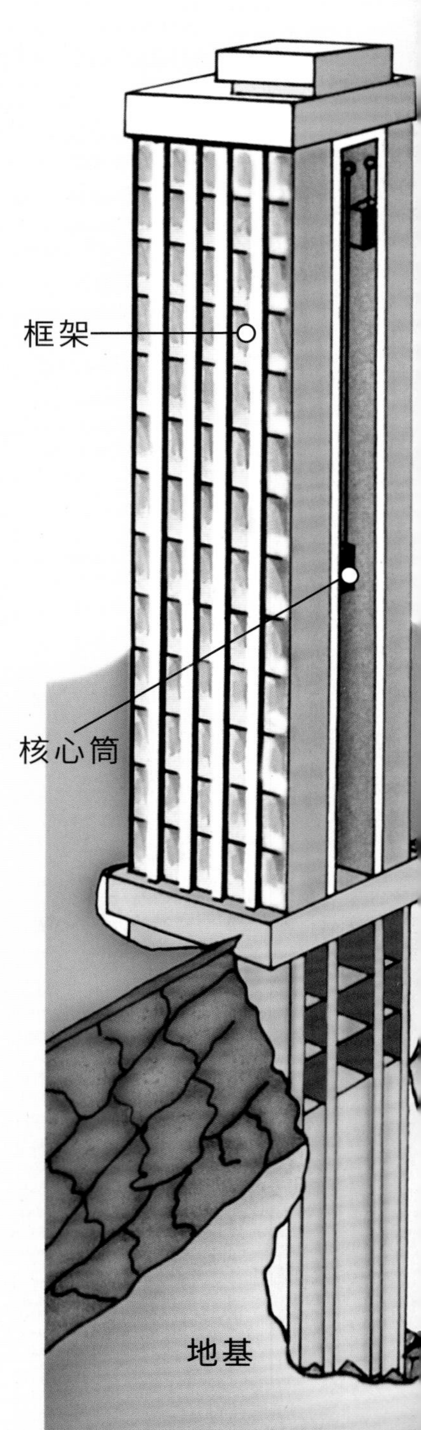

风力

在设计摩天大楼时，工程师所要面临的问题之一就是如何抵御风力，大楼在强风中可能会发生摇晃，所以必须用结实的框架和深固的地基将它牢牢固定。

钢和混凝土是建造摩天大楼最重要的两种材料，但是这两种材料本身各自的强度都不足以支撑起建筑物。钢材在拉力下很坚固，而混凝土则在压力下很坚固。建筑物的钢结构内部是一个由钢筋混凝土制成的空心结构，我们称之为核心筒结构。核心筒是建筑物的主干或脊梁，它非常坚固，大楼里的许多服务设施，如电梯和供电系统等，都可以安装在核心筒内。

工程师们可以利用钢结构、混凝土核心筒和深固的地基建造出一座一百多层的、稳固的摩天大楼。

中国香港的摩天大楼可以用来办公、居住以及作为酒店使用。

空心塔

街灯、灯塔、火箭……所有这些都由空心的管状或圆柱体结构构成，这种结构很结实，很难被压碎或压弯。和制作其他同样大小但形状不同的结构相比，用圆柱体制作的空心塔使用的材料更少。

谁的塔最高

为什么不和你的朋友来一场造塔比赛呢？比赛开始，每个人使用相同的材料——4张硬纸板、1把剪刀和一些胶带。试试自己设计并建造一座不倒的塔，看看你能建多高。

天文与建筑小百科探索

请准备

- 4张硬纸板
- 1把剪刀
- 胶带若干

路　灯

路灯是由一根又高又细的金属杆支撑的。金属杆顶部安装了灯泡，底部被埋在地下，这样即使强风来袭，路灯也能保持直立不倒。

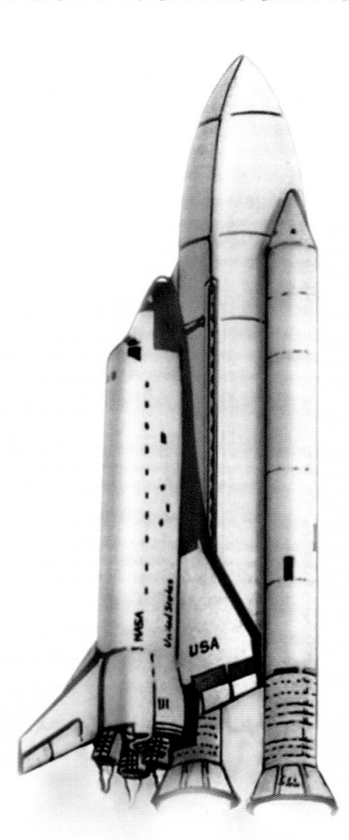

火　箭

火箭是细长尖头的圆柱体，高度可达到70多米。火箭必须很轻，但也要足够坚固，以支撑内部发动机和燃料箱的运作，并摆脱地球引力的束缚。

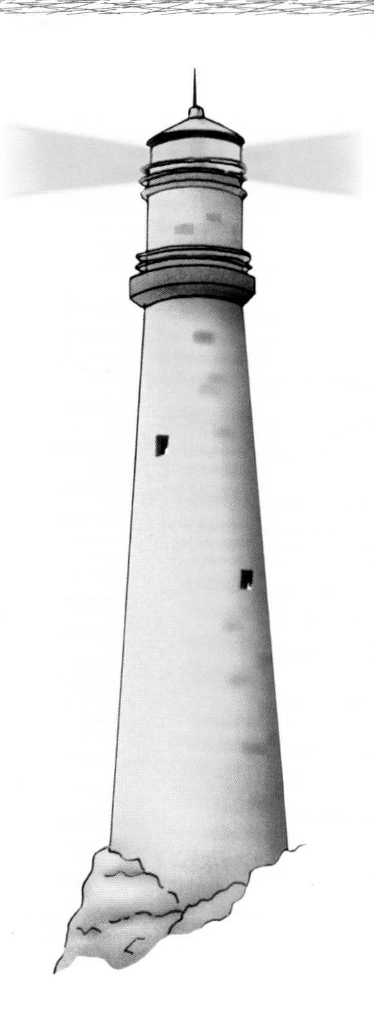

灯　塔

灯塔通常是使用石头建造的塔。我们必须要把灯塔建得非常高，这样从很远的地方才能看到灯塔发出的光。灯塔的圆柱形结构很好地抵御了来自风和海浪的冲击。

谷物升降机

谷物升降机是用于装运、卸载、清洁、混合以及存储谷物的塔。它们由混凝土或钢铁制成，高度可达30多米。

隧道

如果你有过坐火车或在大城市里旅行的经历，那么你可能已经穿越过隧道了。隧道使铁轨和道路得以通过丘陵、穿过山脉、跨过河流。地下铁路（又称地铁）运行在许多城市的地下隧道中。

隧道是一种特殊结构，必须建设在地下深处，并保证不破坏上层建筑物的地基。隧道需要承受来自上方的地面、建筑物或水的压力，还必须拥有良好的排水系统，保证能够把隧道中的水排出。长隧道可以从通风井中抽取所需的新鲜空气。

长久以来，挖掘隧道一直都是一项极具危险性的工作，比如岩石突然坠落、水流突然涌入等。日本工程师已经设计出了一种隧道掘进机，不再需要人下到地下进行施工。这种掘进机通过强大的激光光束和闭路电视等激光设备，所有的工作都可以在地面上完成操控。

英吉利海峡隧道

英吉利海峡隧道是世界上最长的隧道之一，位于英吉利海峡海底约52m的深处。英吉利海峡隧道于1994年竣工，它连接了英法两国，服务于货运列车、高速列车、客运列车和穿梭火车。

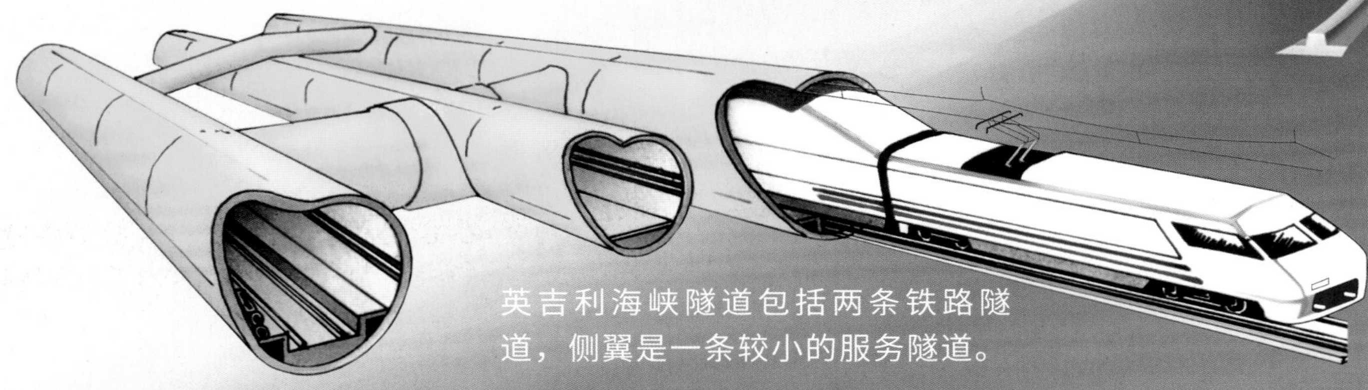

英吉利海峡隧道包括两条铁路隧道，侧翼是一条较小的服务隧道。

在地下深处掘进

修建隧道的方法有多种，其中包括明挖法、钻爆法和盾构法等。明挖法隧道通常建在靠近地表的位置，第一阶段是挖一条直通隧道路面的沟渠，然后用钢筋混凝土来建造隧道的地面、墙壁和顶部，当混凝土硬化后，再将沟槽填平。

在建造隧道时，通常会用钻爆法来凿穿坚硬的岩石。工人们用炸药炸开每一个路段的岩石，然后将岩石碎片搬走。通常情况下，隧道每新打通一部分，工人们都必须及时将该部分支撑起来，以防止下一段爆破时，该路段中脆弱的岩石掉落，造成伤害。

如果在黏土或软岩的地质环境中挖掘隧道，人们会使用巨型掘进机将钢管推入地下。这些掘进机可以由卫星、计算机和激光设备等进行指挥操作，以确保隧道的行进方向准确无误。隧道的地面、墙壁和顶部都可以使用钢筋混凝土或钢材来建造。

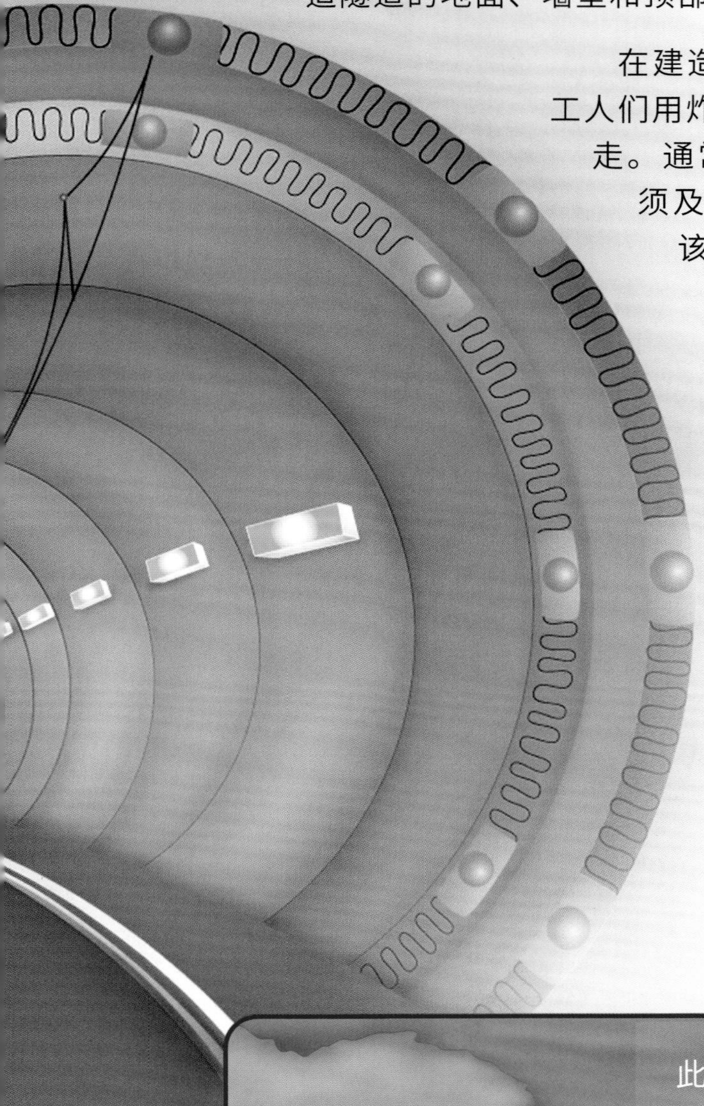

地下铁路（通常被称为地铁）运行在英国伦敦的地下。

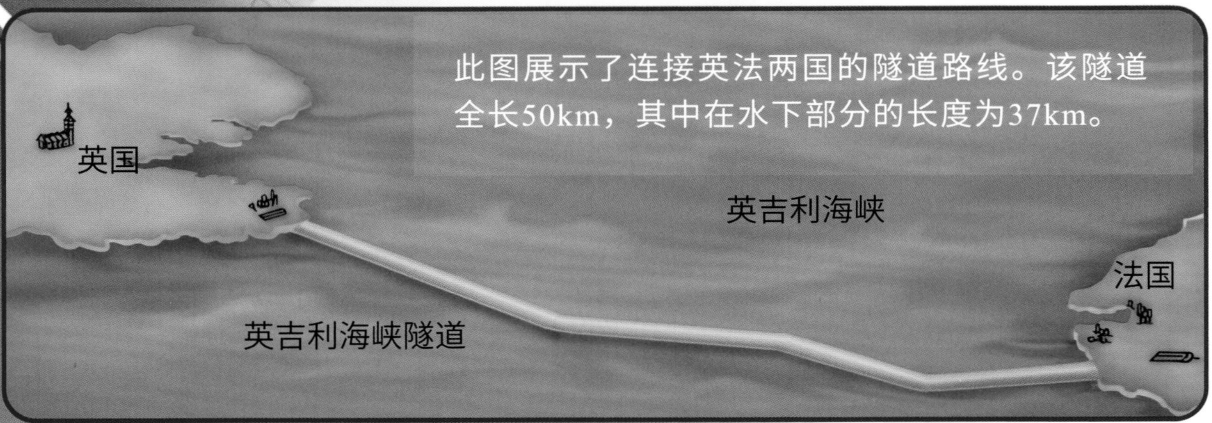

此图展示了连接英法两国的隧道路线。该隧道全长50km，其中在水下部分的长度为37km。

穹顶的强度

你有没有尝试过将鸡蛋壳扣过来，然后用勺子将它敲碎？你会惊讶地发现你需要使很大的劲儿。鸡蛋壳的圆顶形状使蛋壳这种脆弱材料强度增强，勺子敲击所产生的力会沿壳壁向下传递，斜面结构分散了这股敲击力。

穹顶的坚固程度与之同理。在建筑业，建筑师们应用穹顶的历史由来已久。两座世界著名建筑——印度泰姬陵和美国国会大厦，都是穹顶建筑。下次你去城市里观光时，找一找穹顶建筑吧！

天文与建筑小百科探索

通过这个实验你可以看到蛋壳有多结实。

请准备

- 4个空蛋壳
- 1把小剪刀
- 胶带
- 几本同样大小的书

视频演示

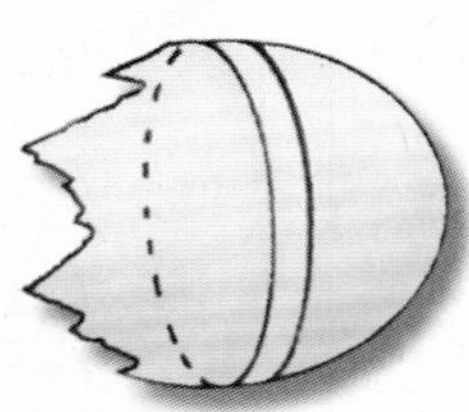

1. 在蛋壳中部贴一圈胶带，这样可以防止剪的时候蛋壳开裂。
2. 沿着胶带小心将蛋壳剪开，这样你就拥有了4个底部平整均匀的半球状蛋壳。
3. 把这些蛋壳都放在桌子上，顶部朝上，摆成一个比书小一点的长方形。
4. 先在蛋壳上放一本书，然后继续加书，直到蛋壳碎裂。看看它们能支撑住多少本书？

左侧是一张测地线穹顶的照片，你可以自己搭建一个如下图所示的穹顶模型，需要将32根吸管分别切成两段，然后用黏土把它们粘在一起。

测地线穹顶

20世纪40年代，美国建筑师巴克敏斯特·富勒提出了一个圆顶结构的新想法。他设计了一个由三角形钢条部件构成的圆顶形框架，圆顶的圆形底座可以放在地面上，也可以放在柱子上，三角形的空间使用轻质面板进行填充。

这种结构被称为测地线穹顶，它弯曲的形状令人赏心悦目。而测地线穹顶最有价值的地方在于它能够自我支撑，内部不再需要额外的支撑材料。

大多数测地线穹顶都是为了经久耐用而建造的，但由于这种结构易于安装和拆卸，因此有时会用于临时建筑。人们使用测地线穹顶建造了许多优秀的展厅，为展览、音乐会和一些体育活动提供了良好的场所。有些简易的网格穹顶甚至可以在24h内建成。

大坝

人们总能找到各式各样利用水的方法。在古巴比伦和古埃及，人们会在河的两岸修建堤坝，防止高水位的河水淹没农田。他们还会横跨河流，在河上建造大坝，大坝将河流截断，在其后方形成一个蓄水库，可以在旱季为人们供水。

河水被大坝截流后累积着巨大的重力，这些重力对大坝施加了巨大的压力。在有些大坝中，人们会利用这种压力将水的能量转化为可用的能源。当大坝开闸放水时，强大的水流被释放出来，带动涡轮机运作，从而驱动发电机发电，这种发电方法叫作水力发电。

不同种类的大坝

最早的大坝是由泥土和岩石筑成的，一般为横跨河流的简易土堤，被称为堤坝。堤坝的使用范围遍布世界各地。如今，人们通常会使用混凝土制成的核心筒对堤坝进行加固。

有时，堤坝并不足够坚固，无法承受现代水库储水的重力，所以使用钢筋混凝土建造的更为坚固的拱形坝便应运而生。有时，大坝会依靠厚重的混凝土柱作为支撑，用以帮助承担水的重力，人们将其称为扶壁柱，这些水坝则被称为扶壁坝。世界上许多大型的水坝都是拱形结构，拱形坝可以把水的重力分导到两岸，在北美山区就有许多拱形坝。

大坝的作用

在对大坝进行规划时，工程师需要考虑很多事情。例如，他们需要仔细勘查大坝下方的土地结构，以确保该区域的土地能承受大坝和水的重力。否则，大坝决堤将给当地百姓带来灾难。工程师还必须计算出大坝足以承受水压所需的坚固程度。另外，为了使大坝可以承受住其他额外的力量，比如水位线超标，或者当强风掀起强力波浪时所产生的力量，工程师必须让大坝的坚固程度高于计算结果所需的标准。同时，他们还必须考虑大坝对生活在河里的鱼类和周围的动物，以及生活在该河流区域的居民的影响。

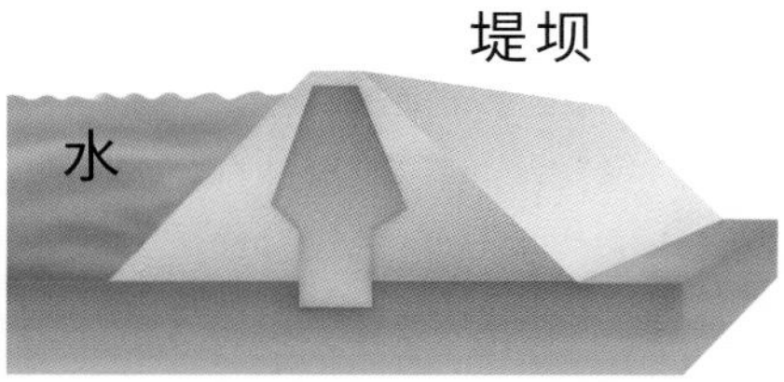

堤坝

水

土石坝有一个混凝土制成的核心筒结构。

在这个扶壁坝中，未接触水的一侧的扶壁柱为大坝提供了额外的支撑力。

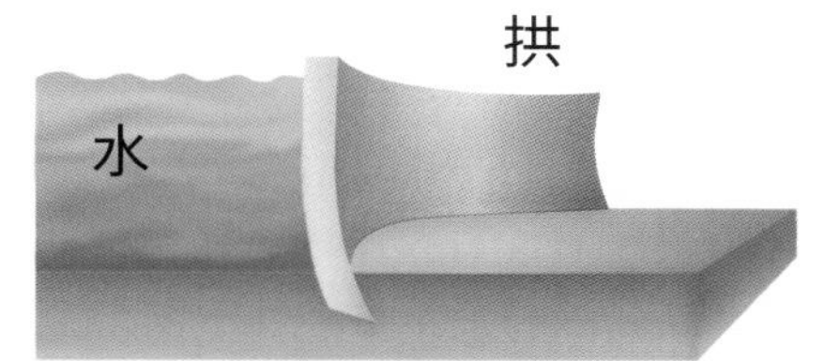

拱形坝将水的重力分导到大坝两侧的山体上。

美国的胡佛水坝是拱形坝和堤坝的结合体，是世界上最高的混凝土大坝之一。

道路

连接乡镇和城市的公路和高速路种类很多，有较窄的双车道乡村公路，也有较宽的六车道州际公路等。

住宅区里的街道通常只有一到两条供车辆通行的车道；城市和郊区的主路上可以有多达4条甚至6条的车行道路；而交通繁忙的城市高速公路上，通常有6条以上的车道。

道路规划工程师必须考虑每条道路的车流量，以及车速等问题。快速行驶的车辆，特别是重型卡车，会给路面和地基造成很大的压力。人们通常会将主要的道路进行加固，以承受车辆带来的压力。

道路连接

如果你看到一条正在修建的道路，你可能会发现，在这条道路上的其他很多路段也都同时在进行施工。那这些不同部分的工程是如何连接在一起的呢？道路交叉口、天桥、立交桥等工程都是多地同时进行建造的，必须保证这些结构能够精准地相互结合起来。在施工开始之前，人们可能需要花费几年的时间来进行道路的规划和计算。

修建道路

当人们想要修建一条新路时，会先使用土方清运设备将路上的树木和石块等清理干净，有时还会用炸药炸开路上的岩石。为了使道路更加平坦，人们也需要搬运泥土将下沉和凹陷处填平。在其他某些地方，也许还需要在山的侧坡上开辟出一条相对平坦的道路。当路面平整工作完成后，人们会使用压路机来压实地面。

修路的第一阶段是平整路面，把路上的泥土或岩石压实。

复杂的交叉路口允许司机在高速公路交汇处改道。图中是位于美国亚特兰大的某个交叉路口。

道路结构层

铺好的路通常由不同的结构层组成。

道路的表面或表层是由混凝土或沥青混凝土制成的。沥青混凝土中含有沥青，是焦油的一种。

下面一层是压实材料组成的基层，包括沙子和石子，用于路面排水和支撑。

道路底部的路基是天然土壤或岩石，人们需要压实土壤使其更加坚固。

藏在脚下的世界

如果能拥有透视的能力，那么透过脚下的道路，你能看到的就是下图所示的样子——一个由管道、隧道和电缆组成的网络世界。地下网络穿梭在城市各处，连接着住宅、办公室和商店等地方。水和天然气通过管道输送，电话和电子信号通过电缆传输。

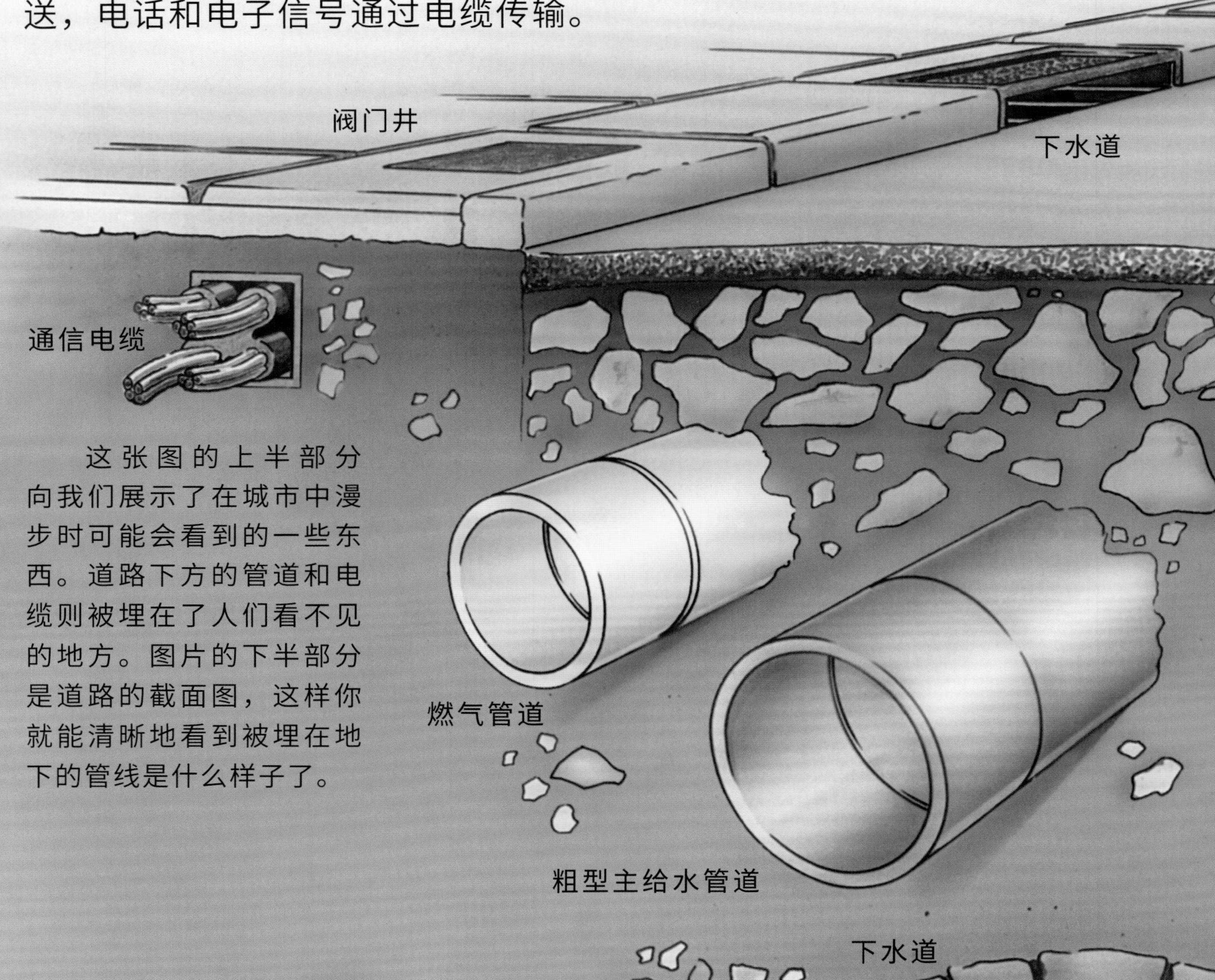

这张图的上半部分向我们展示了在城市中漫步时可能会看到的一些东西。道路下方的管道和电缆则被埋在了人们看不见的地方。图片的下半部分是道路的截面图，这样你就能清晰地看到被埋在地下的管线是什么样子了。

排水

当你把浴缸里的水排出时，这些水会顺着房子的排水管流入一个更大的排水管或下水道里。街道上所有建筑物的水槽、浴室和厕所的废水都会被排入下水道。随后，废水会流入污水处理厂进行净化处理。雨水也会流入下水道。人们将路面修建成微微的拱形，让雨水能够从路面流向排水沟和下水道井口，从而防止道路积水。

想了解更多，请看本书第40和第41页

消防栓

下水道井盖

金属盖板

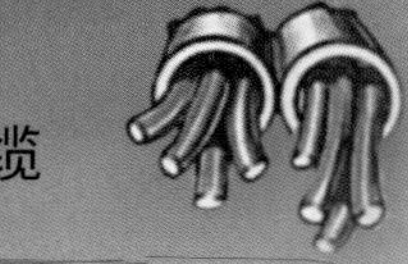

电力电缆

细型支给水管道

燃气管道

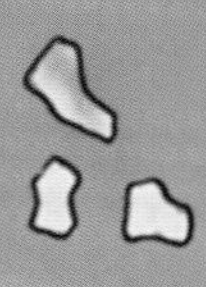

地下维修

维修工人会通过地面上的特殊入口进入地下，然后对地下管道和电缆进行检查和维修。

供水公司在进行管线维修之前会先关闭供水阀门，然后再进行维修。

下水道管井可以让工人进入下水道里进行工作。

人行道上有一些金属盖板。维修工人可以将这些盖板移开，然后对电话、电视、电缆和煤气管道部件等进行维修。

防潮

没有人愿意生活在潮湿的房子里，潮湿的环境会使人感到不适，而且不利于健康。

潮气可以通过三种方式进入建筑物内：第一种方式，潮气会从地面下方向上渗透至地板和墙壁，使建筑物变潮；第二种方式，雨水或雪花会从屋顶上方滑落，进入室内，给建筑物带来更多的潮气；第三种方式，人们在建筑物内活动也会产生潮气，例如，当人们煮饭烧水，甚至呼气，都会释放出水蒸气，这也会使室内更加潮湿。

雨或雪会带来潮气，最容易让雨雪的潮气进入室内的地方是屋顶。因此，人们经常将屋顶修建成倾斜的形状，以便雨水可以顺着屋顶流下来。

房子周围的泥土中也有潮气，潮气上升，穿过房子的地面进入屋内。

天文与建筑小百科探索 不断上升的潮气

潮气会从地面渗入建筑物中，试试这个实验，看看水是如何经过沙子上升的。

请准备

- 1个干净的、装满干燥沙子的玻璃杯
- 水
- 1个浅盘
- 1个有倒水口的杯子，如量杯

1 把浅盘倒过来扣在装满沙子的玻璃杯上。

2 把浅盘和玻璃杯紧按在一起，翻转过来，然后在浅盘里加入大约2cm高的水。

天文与建筑小百科探索 防潮

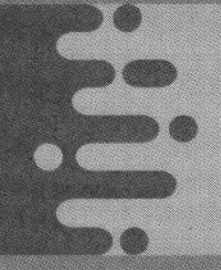

厨房里的热水冒出水蒸气，水蒸气冷却后，到处都变得很潮湿。

⚠ 小心热水，以免烫伤。

怎么能让潮气停止继续上升呢？我们再做个实验吧。

请准备

- 1个塑料袋
- 1个大托盘
- 1把剪刀
- 水

- 4块干燥的砖

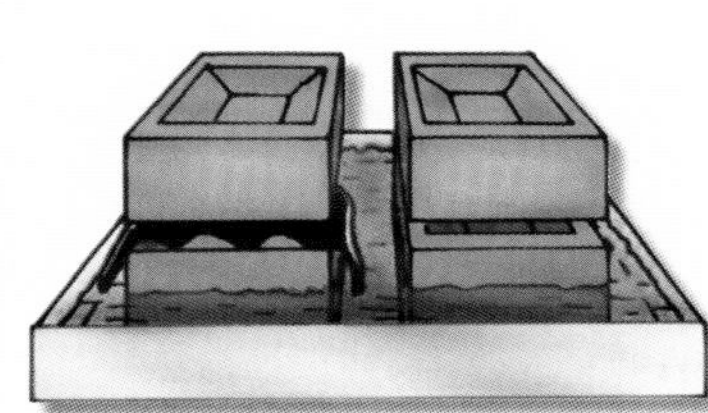

1 在托盘里放两块砖。用剪刀剪一块和砖头一样大小的塑料，铺在其中的一块砖头上。将剩余的两块砖分别摞在托盘里的两块砖上。

2 向托盘中加入2cm高的水，一天后查看实验结果。发生了什么？解释一下产生这个现象的原因。

什么是防潮

你能看到水位已经下降了。那么水去哪儿了呢？你会发现砖的底部都是潮湿的。再摸摸每一摞砖的顶部。顶部也是潮湿的吗？还是看起来很干爽？水已经漫延到下层的两块砖上，但是在铺盖了塑料的一摞中，塑料阻止了水汽的进一步上升。因此，人们会将厚塑料或其他材料制成膜材，嵌入墙壁和地面里，以防止潮气进入房屋或其他建筑物内部。

3 每隔5min观察一次玻璃杯中的沙子。发生了什么？为什么有些沙子的颜色变深了？

保温隔热

大多数建筑物都是庇护场所，不管外面的温度如何，我们都要保证身处建筑物室内的人感到舒适。所以我们必须根据需要，将热量保留在内或隔绝在外，于是就有了相应的保温和隔热的需求。

保温

在寒冷的日子里，室内的暖空气会流失。屋顶和窗户等部位是房间里最容易使热量散失的地方。因此，我们可以通过在这些地方采取保温措施以减少热量散失。任何能困住空气以及能阻止热量流动的材料都是优质的保温材料。例如，我们可以在屋顶铺设一层厚厚的玻璃纤维或矿棉纤维，在内墙和外墙之间的空隙里喷入液体泡沫塑料，或者放置塑料板进行保温。双层玻璃窗由两层玻璃组成，玻璃之间有狭窄的空腔，其中被封住的空气有助于减少热量通过窗户流失，同时对建筑物的隔音效果也有帮助。

隔热

同样地，隔热层也有助于将外界的热量拒之门外。大型现代建筑和许多小型建筑都有通风系统，可以把凉爽、新鲜的空气输入室内，把闷热、不新鲜的空气抽出室外。

鸟会在寒冷的天气里竖起羽毛，这样可以在它们的皮肤周围存储一层空气。这层空气被鸟的体温加热，形成空气保温层，使鸟保持温暖。

天文与建筑小百科探索 测试保温隔热材料

什么样的材料能提供最好的保温隔热效果呢？你可以试试通过这个实验找出答案。

请准备

- 一些水温不太高的温水，能够让你把手放进去
- 6根橡皮筋
- 1张报纸
- 一些棉絮
- 1块布

- 4个玻璃杯

- 4张卡片，用来做盖板

1 把玻璃杯放在桌子上，彼此稍微分开一些。在第一个玻璃杯外面包一层报纸；在第二个玻璃杯外面包一层松散的棉絮；在第三个玻璃杯外面包一层布。每种材料均用两根橡皮筋固定在玻璃杯上。

2 在每个玻璃杯里都注满温水，并盖上盖板。

3 每隔10min打开盖板检查，感受每个玻璃杯里水的温度。如果你有温度计，也可以用温度计来测量水温。

4 哪个玻璃杯保温时间最长？哪种材料用于保温隔热效果最好？用笔记本记录你的发现。

未来的建筑

自1850年以来，世界人口数量已经增长了6倍，每年的增幅约为1.2%。难怪人们会关注环境保护，并且担心现有资源是否能够继续满足如此庞大的人口需求的问题。

一些工程师和建筑师们可能都在梦想着建造一座“未来之城”——一个有助于解决过度拥挤和食物短缺问题的方式。那么，你会搬进一个完全建造在地下的大城市里居住吗？你会生活在飘浮于太空的城市中吗？当然，地球上还有大片的地区无人居住，但是很少有人能够生活在南北两极，或者沙漠、山区等地，这些地区的气候太过恶劣，人们无法在那里舒适地生活。

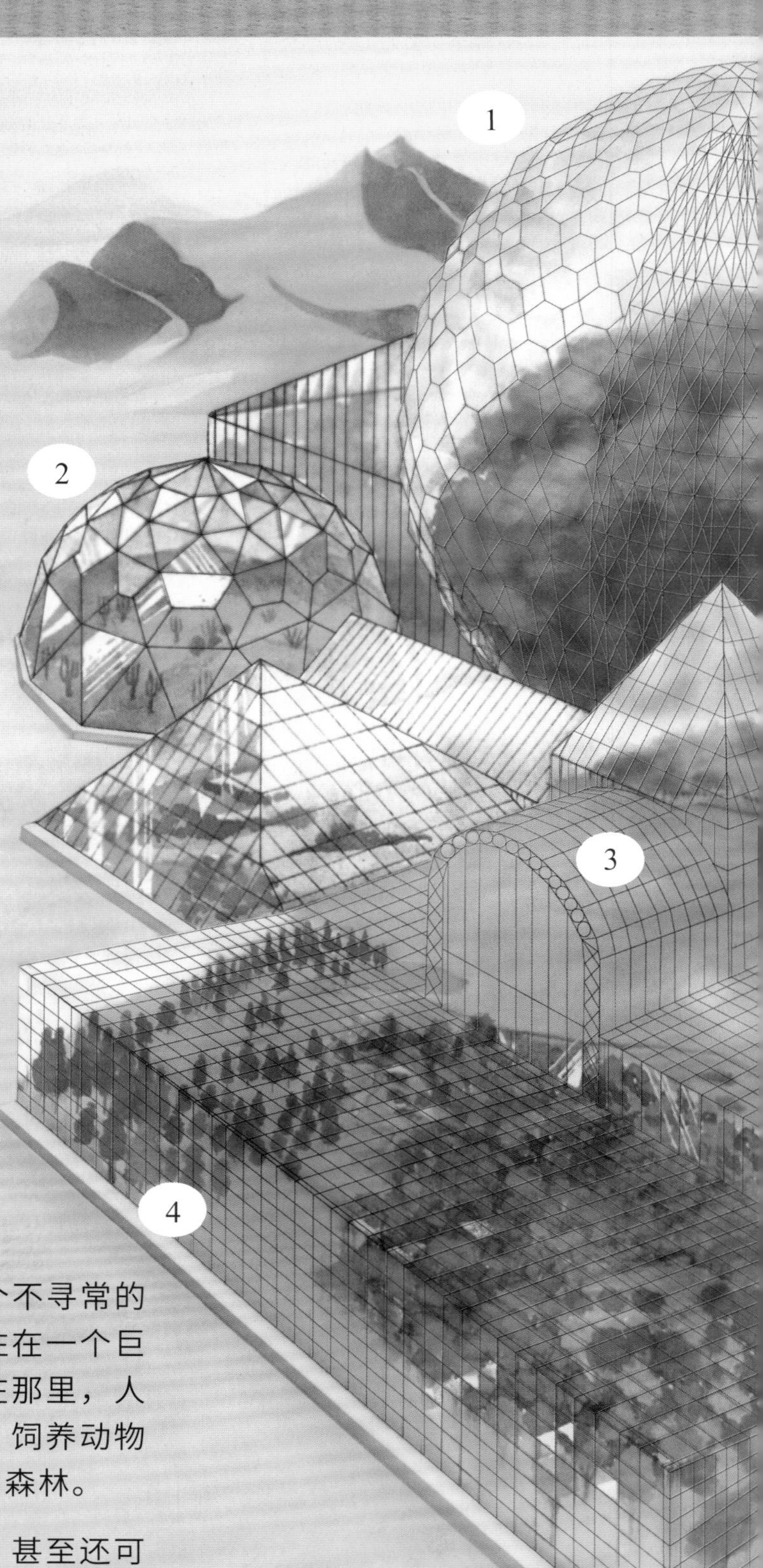

新型结构

或许有一天，科学家可能会开发出一个不寻常的地方，让人们去那里生活。也许人们需要住在一个巨大的、密封的、温度可控的建筑物里面。在那里，人们按下按钮就会下雨，还可以种植农作物、饲养动物等。科学家们甚至能够创造出海洋、湖泊和森林。

密封的城市可以建在沙漠或极寒地区，甚至还可以建在遥远太空中的其他星球上。

科学家们在美国的沙漠中设计了一个密封环境，被称为生物圈2号。从1991年9月到1993年9月，生物圈2号里共有8人居住。从1995年到2003年，哥伦比亚大学（纽约）将该建筑用于科研。2007年，亚利桑那大学接管了生物圈2号的研究活动。

密闭环境生态指南

1 雨林：由树木为人类提供呼吸所需的氧气。

2 沙漠：如果密闭生态里的热量和雨水过多，热沙可以吸收多余的热量和雨水。

3 湖泊：里面饲养了足够多的可食用的鱼。

4 森林：动物们的生存地。

5 农田：人们一年四季都可以在这里种庄稼，自行控制温度和降雨量。

6 生活区：人们在这个区域里面生活、工作以及上学。

致谢

《少年科学家》出版者为在本书中使用的照片向以下摄影师、出版商、代理机构以及公司表示诚挚的感谢。

封面	© TebNad/Shutterstock	24	© Getty Images
8	© De Agostini	27	© Getty Images
9	© Getty Images	28, 29	© Getty Images
10, 11	© De Agostini	30, 31	© Getty Images
11	© Getty Images	32	© Getty Images
12	© Getty Images	34, 35	© Getty Images
13	© Shutterstock	37	© Leonard Zhukovsky/Shutterstock
15	© Getty Images	42	© Getty Images
17	© Getty Images	44, 45	© Getty Images
20	© Getty Images	46, 47	© Getty Images
21	© Getty Images	52	© Getty Images

插图绘制人员

Martin Aitchinson
Nigel Alexander
Hemesh Alles
Martyn Andrews
Sue Barclay
Richard Berridge
John Booth
Lou Bory
Maggie Brand
Stephen Brayfield
Bristol Illustrators
Colin Brown
Estelle Carol
David Cook
Marie DeJohn
Richard Deverell
Farley, White and Veal
Sheila Galbraith
Peter Geissler
Jeremy Gower
Kathie Kelleher
Francis Lea
Stuart Lafford
John Lobban
Louise Martin
Annabel Milne
Yoshi Miyake
Donald Moss
Eileen Mueller Neill
Teresa O'Brien
Paul Perreault
Roberta Polfus
Jeremy Pyke
Trevor Ridley
Barry Rowe
Don Simpson
Gary Slater
Lawrie Taylor
Gwen Tourret
Pat Tourret
Peter Visscher
David Webb
Gerald Whitcomb
Matthew White
Lynne Willey

少年科学家

天文与建筑小百科

太空科技

[美]世界图书出版公司 编著

燃 点 时 光 工 作 室　译

清華大学出版社

北　京

北京市版权局著作权合同登记号　图字：01-2022-1887

图书在版编目（CIP）数据

少年科学家. 天文与建筑小百科 / 美国世界图书出版公司编著；燃点时光工作室译 .—北京：清华大学出版社，2023.2

书名原文：Young Scientist

ISBN 978-7-302-60585-0

Ⅰ. ①少…　Ⅱ. ①美…　②燃…　Ⅲ. ①科学知识—少年读物　②天文学—少年读物　③建筑学—少年读物　Ⅳ. ① Z228.1　② P1-49　③ TU-0

中国版本图书馆 CIP 数据核字 (2022) 第 064554 号

责任编辑： 陈凌云
封面设计： 燃点时光工作室
责任校对： 袁　芳
责任印制： 杨　艳

出版发行： 清华大学出版社
网　　址： http://www.tup.com.cn, http://www.wqbook.com
地　　址： 北京清华大学学研大厦 A 座　　**邮　　编：** 100084
社 总 机： 010-83470000　　**邮　　购：** 010-62786544
投稿与读者服务： 010-62776969, c-service@tup.tsinghua.edu.cn
质量反馈： 010-62772015, zhiliang@tup.tsinghua.edu.cn
印 装 者： 当纳利（广东）印务有限公司
经　　销： 全国新华书店
开　　本： 212mm×272mm　　**印　　张：** 7.5　　**字　　数：** 160 千字
版　　次： 2023 年 2 月第 1 版　　**印　　次：** 2023 年 2 月第 1 次印刷
定　　价： 76.00 元（全二册）

产品编号：095758-01

目录 CONTENTS

太空之旅

在遥远的古代，天文学家就曾研究过夜空中的星星。后来，他们学会了使用望远镜进行观察。今天，我们可以通过太空本身研究太空。天文学家在宇宙空间中进行了各种各样令人印象深刻的探索，包括利用卫星和宇宙飞船实现去往其他行星的太空之旅。所谓行星，是指围绕太阳或其他恒星旋转的天体。

我们生活在由一层厚厚的气体构成的大气层的底部。大气层为我们提供氧气，让我们呼吸，使我们保持温暖，并保护我们。当我们穿过大气层进行太空旅行时，越往上大气层越稀薄，人类呼吸也将变得越来越困难。在大约10km的高度，如果没有额外的供氧，我们就难以呼吸了。随着高度增加，空气逐渐减少，当我们到达160km的高度时，已经几乎没有什么空气了。

太空是什么

太空里是没有大气的。没有大气，声音就不能传播，同时也就不会有地球上那种天气变化。太空里充满了危险的射线和高速运动的粒子。在地球大气几乎完全消失的地方，就是太空了。科学家还不知道太空有多大。飞船可以从地球到达太阳系中距太阳最远的行星，但是太空中更远地方的行星还从来没有被探索过。它们大概距离太阳系有几万亿千米。

这些不同类型的火箭可以把太空飞船或卫星送到太空。你可以在美国肯尼迪航天中心的参观园区看到这些火箭和太空飞船。

白昼天空

太阳每天早晨升起，将光明和温暖带到我们这个世界，这就是白昼。太阳从东方升起，然后在天空中呈弧形运行；傍晚在西方落下。随着太阳消失在地平线以下，地球变暗，夜晚来临。

太阳发生了什么？看起来太阳在天空中移动，其实是地球在移动。地球在太空中公转或自转。当地球旋转时，太阳进入我们的视野，又从我们的视野里消失。让我们想象一条从北极到南极的轴线，地球就绕着这条轴线自转，旋转一周需要24h——我们称这条轴线为地轴。

如果没有太阳的光和热，地球将是黑暗冰冷的世界。植物需要光照获取养分。没有太阳，动物也就没有食物了，因为它们必须吃植物或其他动物才能生存。所以，如果没有阳光，绝大部分的生物就不能存活。

地球围绕地轴自转一周需要24h。

太阳是什么

太阳是一颗恒星，与太空中其他恒星相同。它看起来更大、更亮，是因为它距离地球比其他恒星近得多。它距离地球大概1.5×10^8km。除太阳外，距离我们最近的恒星在4.0×10^{13}km之外。太阳散发出的热量温暖着大地。有记录以来，地球上的最高温度为58℃，靠近太阳表面的温度可以达到5500℃。在太阳的中心，温度甚至高达1.5×10^7℃。

有时，我们能看到太阳表面的黑斑，它们被称为太阳黑子。我们有时还可以看到弧状的气体物质，这叫日珥或耀斑——一种燃烧的光焰。日珥和耀斑是不同类型的太阳风暴。

天文与建筑小百科探索　太阳大小的测量

本活动可以揭示地球和太阳在大小上的差距，以及两者之间的距离。

请准备

- 几张纸板
- 1个指南针
- 1根细线
- 1支画笔
- 1支铅笔
- 1把直尺

1 先在一张小纸板上画一个直径约为4mm的圆，这个圆代表地球。

2 然后在一张大纸板上画一个直径为44cm的圆。画这个圆时，需要把绳子的一端系在铅笔上，把绳子的另一端钉在距离铅笔22cm处的纸板上，这个圆代表太阳。

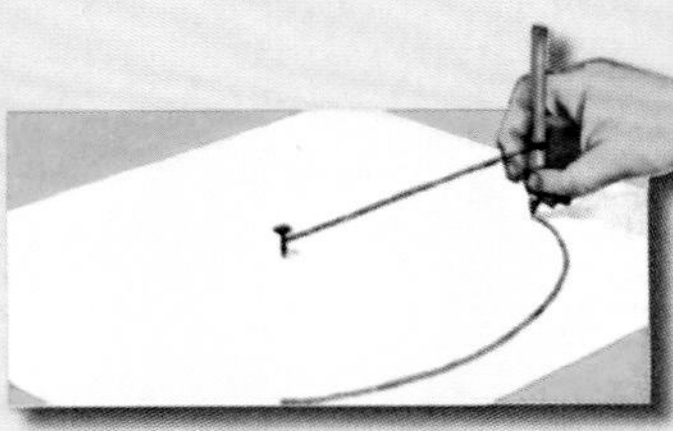

3 走100步（大概50m远），标出这个位置。你自己拿着代表地球的圆卡片，请一位朋友拿着代表太阳的圆卡片，并站在之前做好标记的50m处。

50m

月球

一年中绝大多数的夜晚，天空都是由我们最近的邻居——月球点亮的。拉丁语用“luna”表示月球，因而英文“lunar”这个词就表示一切与月球相关的事情。月球围绕地球运转一周需要27天多一点。

你注意到月球一个月中每天的形状都会发生改变了吗？月球本身不发光，但我们能看到它，是因为它反射太阳光。同时，月球围绕地球旋转，我们看到的月球形状取决于面向我们的那部分月球表面被太阳照到了多少。这部分被我们看到的发亮的月球表面形状称为月相。

月球的地心引力或重力比地球小得多。正因为如此，它不能吸引住气体，也就没有大气层，所以也没有声音和天气变化。

这个示意图所展示的太阳和月球之间的距离比它们实际上的距离要近得多。

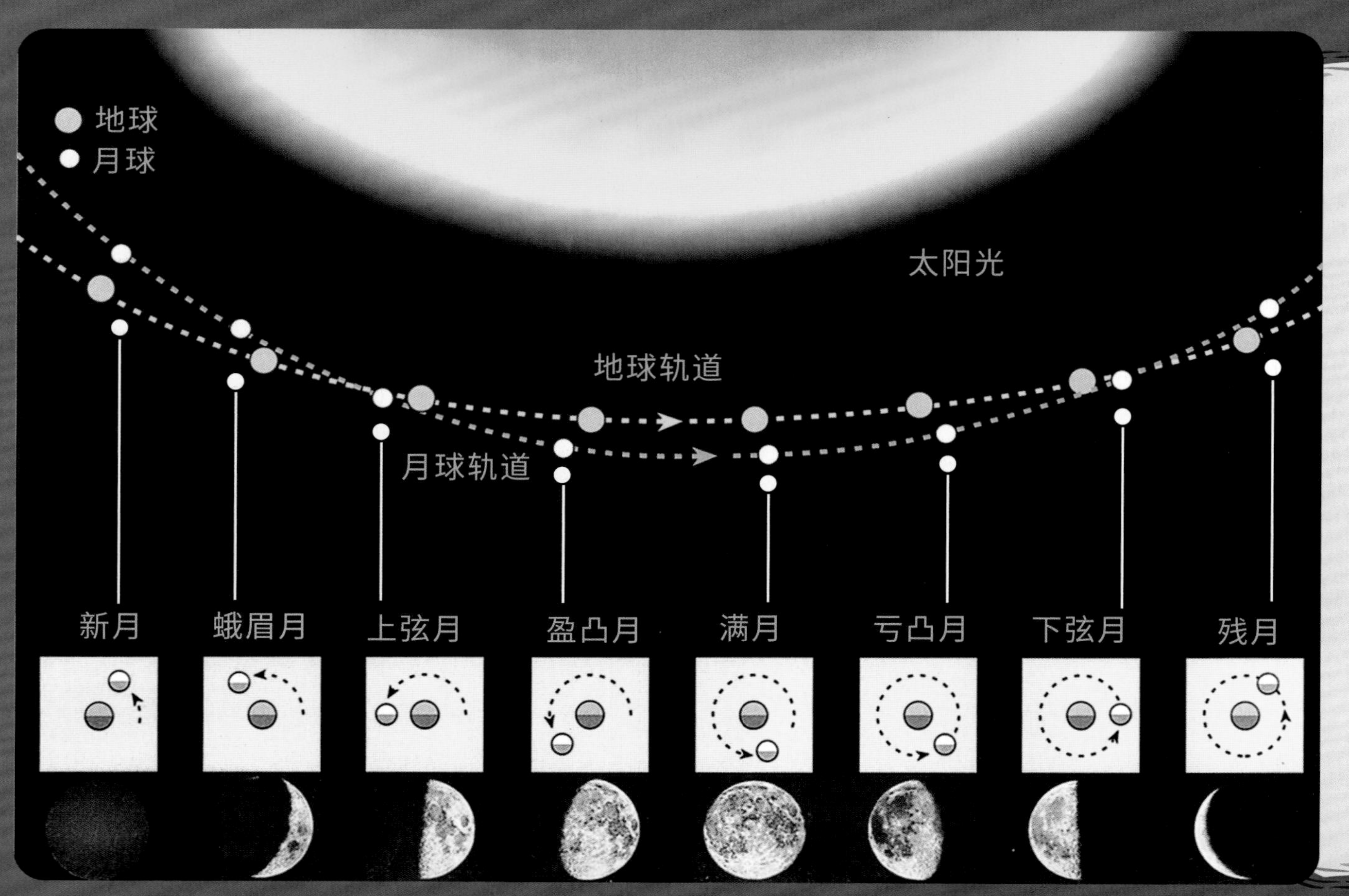

这是我们可以从地球上看到的月球的正面。月球的正面非常粗糙，有很多山丘。

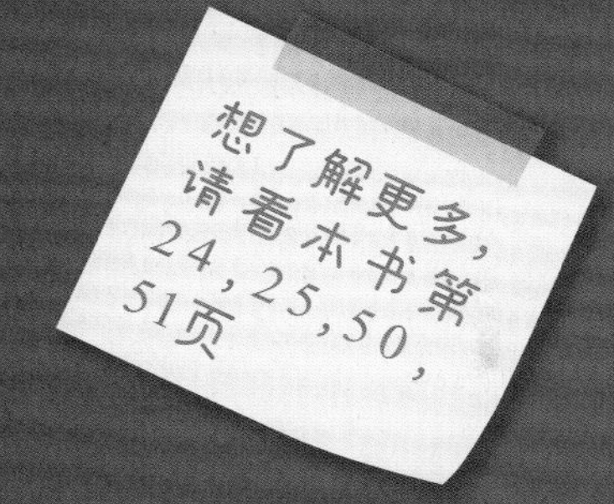

月 相

月相是由月球在太阳和地球之间不同的位置变化引起的。当月球运行到地球和太阳之间时，我们完全看不到月球，这时的月球被称为新月。大概一星期以后，我们能看到一半的月球被照亮，这是上弦月。再过一星期，月球被完全照亮，这就是满月。再过大约一星期，月球另外一半被照亮。最后，在上一次新月的29.5天后，月球再次消失为新月。

月球从新月向满月的变化称为盈。从满月再回到新月的阶段称为亏。当月球看起来比半个满月还大时，它被称为凸月。

月球的尺寸

月球表面的一部分是覆盖着尘土的巨大平坦的平原，其余部分则由高原和群山组成，有些山高达5000多米。

月球表面到处是坑，这些坑是由从外太空掉落的陨石撞击形成的。小一些的坑只有几厘米宽，而那些巨大的洼地或坑洞的直径可以达到1000km。

月球的半径约为地球半径的1/4，它的直径为3476km，地球到月球的距离大约为3.84×10^5km。我们在地球上永远看不到月球的另一面，因为月球围绕地球旋转的同时，也在围绕看不见的轴自转。不过，通过太空中卫星或飞船上宇航员拍摄的照片，我们终于知道了月球背面的样子。

星空

在晴朗的夜晚仰望天空，你会看见成千上万的星星在黑色天鹅绒般的夜空里闪烁。

如果你再凝视一会儿，你会发现天空中有些明亮的行星可以连成图案。这些星星组成的图案叫作星座。古代的天文学家给这些星座起的名字在某种程度上与它们的形状很贴切。时至今日，我们依然在使用其中的不少名字。

居住在北半球的人可以很容易地认出北斗七星。它的形状看起来像一个长柄的杯子或是长柄勺。它是大熊座的一部分，附近还有小熊座。小熊座中最亮的星是北极星，又称极星。生活在南半球的人们或许能找到南十字星。南十字星位于南方天空中最亮的恒星群——半人马座阿尔法星附近。

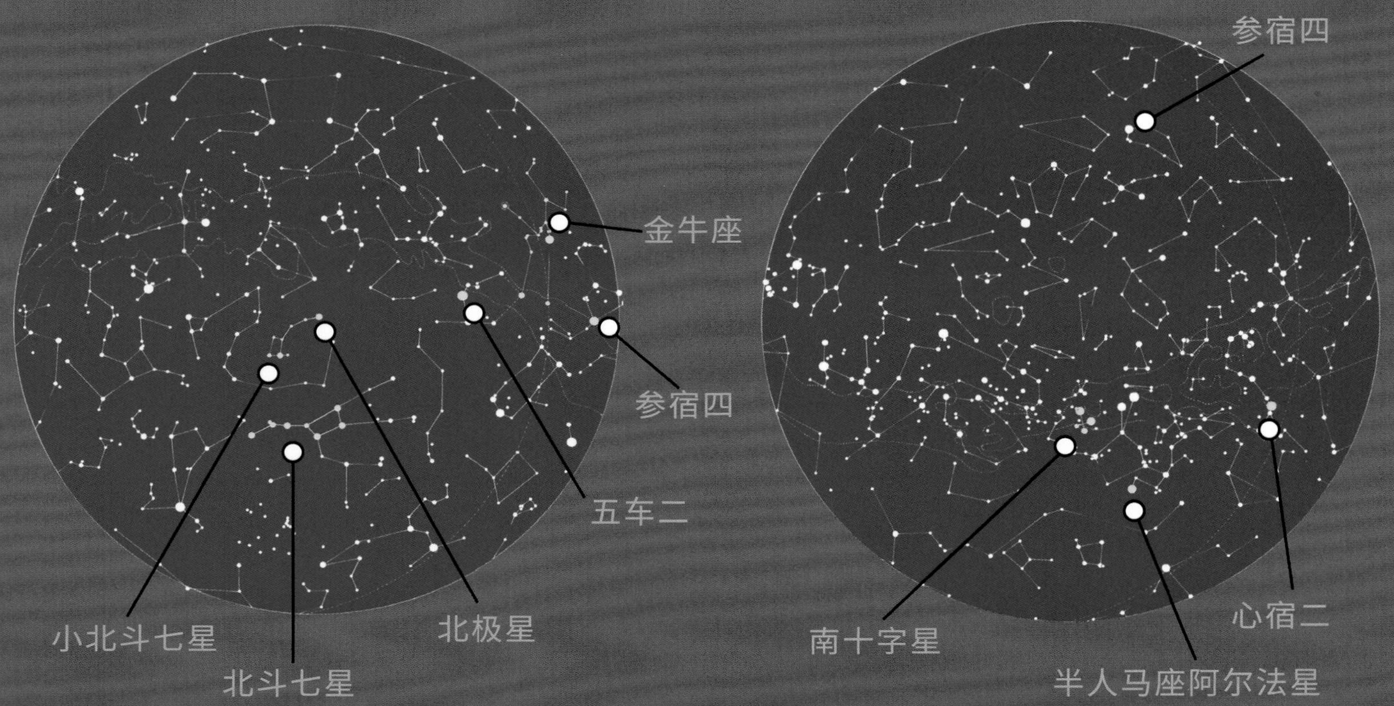

星团

想了解更多，请看本书第10～13页

星座中的恒星并非真的在太空中聚集在一起。它们看起来离得很近，是因为它们恰巧处于同一方位。而有些时候，数万颗甚至数百万颗恒星聚集在一起，形成球状星团。

一些星团被称为疏散星团，是由几百到几千颗恒星松散地聚集在一起形成的。我们不用望远镜就能看到一个疏散星团，它位于金牛座，叫作昴星团或七姐妹星团。视力好的人可以看到其中最亮的六颗星。

太阳是中等大小的恒星，科学家称其为黄矮星。很多恒星都非常大。心宿二太大了，我们称它为红超巨星。而参宿四更大，比太阳还要大至少600倍。

天文与建筑小百科探索　做一个恒星观测器

请准备

- 1个纸盒
- 1把剪刀
- 1个硬纸筒
- 黑色颜料
- 一把刷子
- 锡箔纸
- 黑色棉线
- 胶带

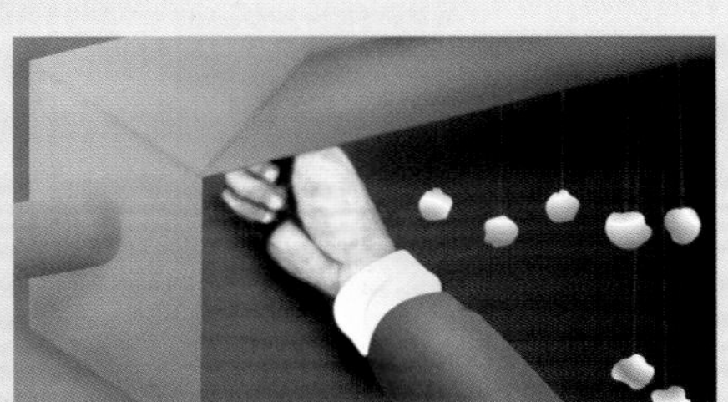

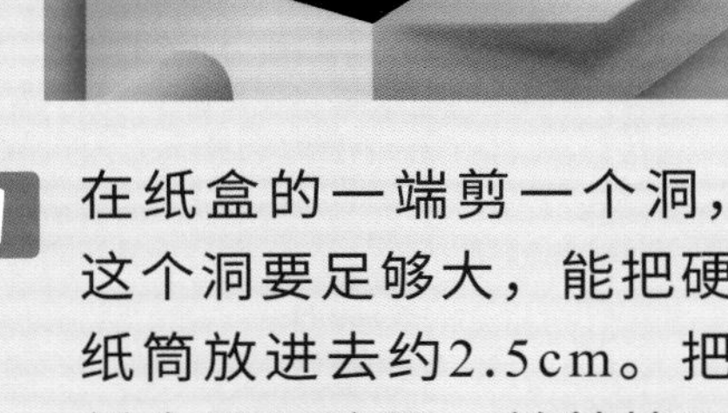

1 在纸盒的一端剪一个洞，这个洞要足够大，能把硬纸筒放进去约2.5cm。把纸盒里面涂黑，并剪掉两个短边的盖子。

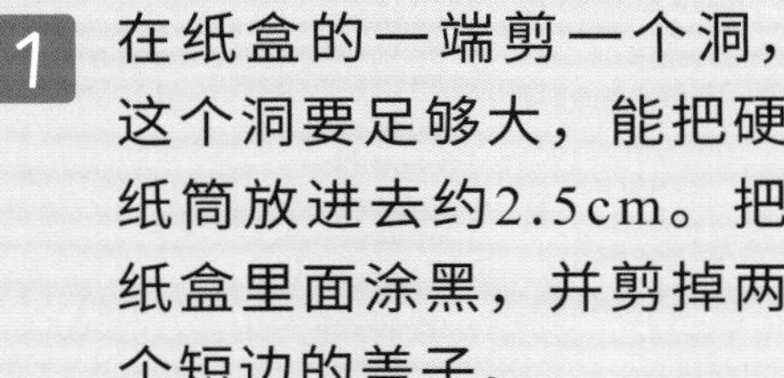

2 把棉线剪成长短不一的若干段，在每段棉线末端打个结，在每个打结处拴一个锡箔纸团，并用胶带将棉线的另一端贴在纸盒的顶部，将剩下的锡箔球在纸盒里挂成一排。

3 折好纸盒上长边的盖子，并用胶带松松地封上。现在通过硬纸筒看，里面所有的银色小球看起来是聚集在一起的，这是因为它们周围一片漆黑。

视频演示

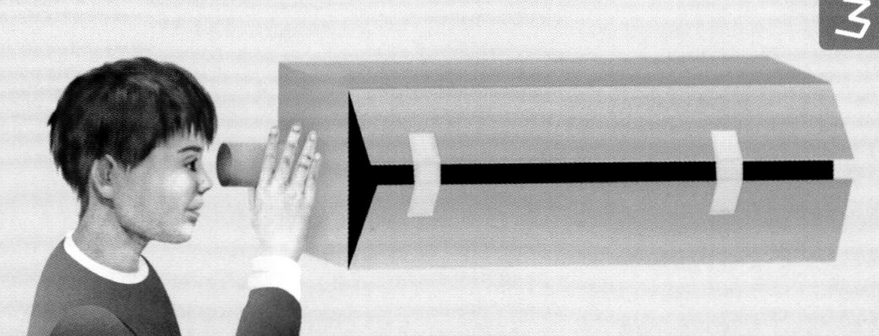

恒星的诞生

整个宇宙之中，有很多由气体和尘埃组成的云，称为星云。在较大的星云里，可能会形成恒星。这个过程开始于重力，这是一种吸引其他物质的力量，能将气体和尘埃颗粒结合在一起。当大量颗粒被紧密地聚集并压缩时，其内部温度会升高。随着时间的推移，其内部温度会上升到大约1.1×10^{6}℃。在这样的温度下，氢原子开始结合或聚变，形成氦气，并以光和热的形式释放大量的能量。大量的气体和尘埃开始闪烁，像恒星一样发光。

恒星的消亡

像太阳这种规格的恒星寿命很长，现在大约有46亿年的历史，或许还将继续存在5亿年。在那之后，科学家们相信，它将在燃尽氢气后走向消亡。刚开始，它的体积会膨胀，变成一种我们称之为红巨星的恒星。然后，它将再次慢慢缩小，直到比地球大不了多少，最终将变成白矮星。就体积来说，白矮星非常重。来自白矮星的1g物质有几吨重?

大质量恒星

大而重的恒星会辉煌地死去。它们膨胀成体积变大很多倍的超巨星。然后，在一次大爆炸中炸开，形成超新星。

在成为超新星之后，有时会留下一颗称为中子星的小恒星，它是由一些被称为中子的微小粒子组成的。非常重的恒星不会形成中子星，它们会继续坍塌，直到把自己压缩到很小的空间内。在这个空间里集中了重力非常大的物质，以至于它会把所有的东西都吞噬其中，甚至包括光，这就是我们称其为黑洞的原因。

2

3

5

4

7

恒星的一生

1 一团大的气体和尘埃开始收缩。

2 这团气体和尘埃变得越来越小，越来越热。很快，它开始闪烁成为一颗恒星。

3 数百万年后，恒星膨胀成一颗红巨星。

4 恒星逐渐收缩成为白矮星。

5 大质量恒星膨胀成一颗超巨星。

6 超巨星自爆后成为超新星。

7 超新星爆炸后，或许会留存下来一颗小的中子星。

星群

如果你在一个非常漆黑的夜晚，抬头仰望天空，你可能会看到一条若隐若现的光带横贯天际。这其实是一个星系——一个叫作银河系的恒星带。

这些恒星和大部分我们所能够看到的其他恒星，都属于一个大的星系，叫作银河系。地球也在银河系中。科学家们认为银河系只是宇宙中上百万个星系中的一个。银河系的形状有点像中间凸起来的光盘。银河系中的恒星组成四条弯曲的旋臂，从中心盘旋而出，长长地延伸出去。

天文与建筑小百科探索　探索宇宙

请准备

- 1个大的圆气球
- 1支黑色笔

想象一下，气球表面就是宇宙，而这些圆点就是不同的星系。当我们吹起气球时，圆点彼此间的距离会越来越远，你就可以模拟大多数科学家认为的太空中正发生的事情了——宇宙在膨胀，所有的星系都在远离彼此。

1. 先把气球吹起来。
2. 用黑色笔按相同距离在气球上画满圆点。
3. 继续吹大气球，注意观察现在圆点是如何远离彼此的。

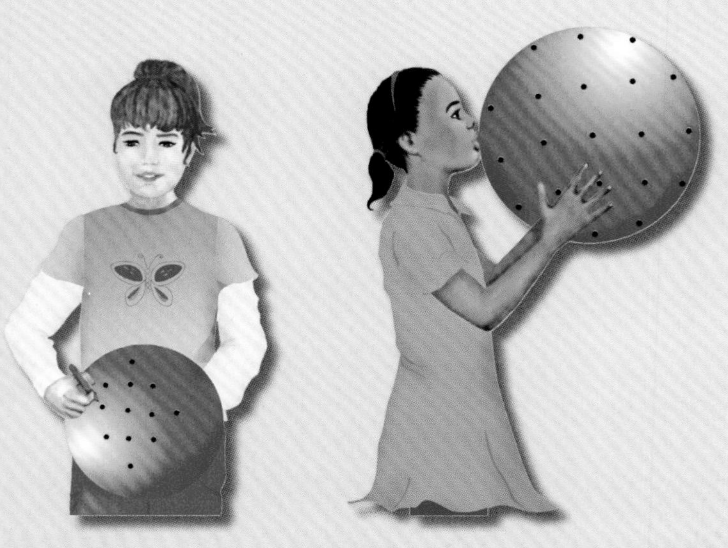

我们所在的银河系的形状大概是这样的。它非常大，大到一束光从一头传到另一头需要10万年。而我们的太阳只是银河系中几十亿颗恒星中的一颗。

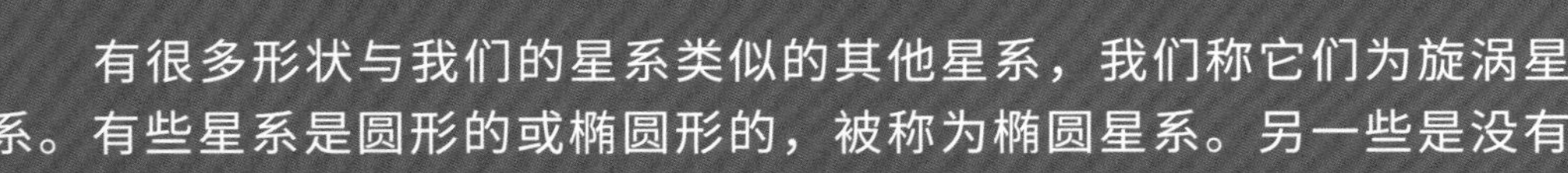

外星系

有很多形状与我们的星系类似的其他星系，我们称它们为旋涡星系。有些星系是圆形的或椭圆形的，被称为椭圆星系。另一些是没有规则形状的星系，被称为不规则星系。

大部分星系离我们太远了，如果没有望远镜，我们根本看不到这些星系。我们只能看到一小部分星系。身处南半球的人们可以看到两个星系，它们看起来像两个白色的斑块，被称为大麦哲伦星云、小麦哲伦星云。身处北半球的人们能看到另一个星系——仙女星系，仙女星系是离我们最近的大旋涡星系。

太阳系

地球每天围绕地轴自转一次。当然，地球还以另外一种方式运行——沿着椭圆形的轨道围绕太阳旋转。地球围绕太阳旋转一圈的旅程大约需要365天，这个周期被称为一年。

地球不是唯一围绕太阳运行的大型天体，还有其他七个我们称之为行星的天体也在围绕太阳运动。每颗行星围绕太阳公转的距离不同，因此完成一次绕行所需的时间也不同。按照顺序，距离太阳由近到远的行星依次是水星、金星、地球、火星、木星、土星、天王星和海王星。这些行星是太阳系大家庭的主要成员。

太阳系还包括其他一些较小的天体。一些行星和围绕它们旋转的卫星，比如月球，组成了小的星系。在距离太阳比海王星更远的地方有类冥矮行星，它们是一些类似冥王星的星，冥王星在1930年被发现后的很长一段时间里都被认为是行星。还有一群由大型岩石构成的天体，被称为小行星，大部分小行星在火星和木星之间的一条带状轨道上运行。太阳系还包括彗星和流星，以及其他掉落的行星，我们有时在夜空中能看到它们划过时发出的亮光。

水星、金星和火星通常被称为类地行星，这是因为它们体积不大又多岩石，很像地球。

太阳

水星

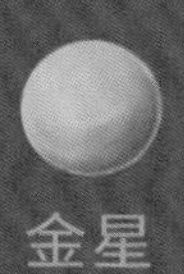

金星

地球

火星

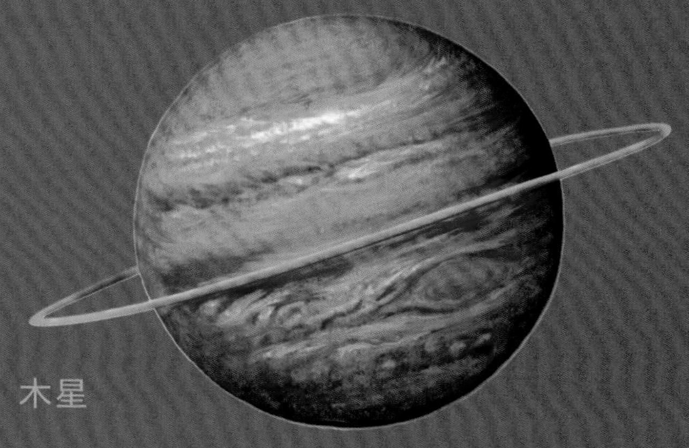

木星

这张图表显示了行星围绕太阳运行的轨道。

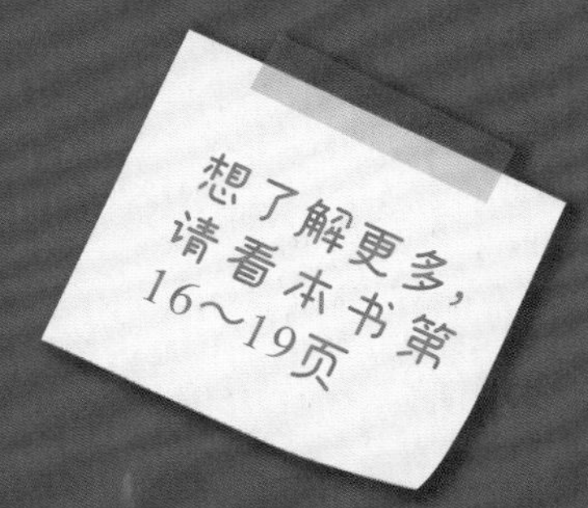

行　星	距离太阳 /km	直径 /km	绕太阳旋转一周的天数
水星	57910000	4879	87.96
金星	108210000	12104	224.70
地球	149600000	12756	365.25
火星	227920000	6792	686.98
木星	778570000	142984	4383.00
土星	1433530000	120536	10774.88
天王星	2581900000	51118	30681.00
海王星	4305900000	49528	60266.25

海王星

天王星

土星

木星、土星、天王星和海王星通常被称为大行星，它们主要是由气体构成的。

行星

从地球上，我们不需要借助于望远镜，就能看到太阳系中其他六颗行星，分别是水星、金星、火星、木星、土星和天王星。它们看起来像明亮的星星，但是它们每晚都在改变自己的位置。这就是它们被叫作行星的原因。行星这个词源自希腊语，意思是“行者”。

我们能看到这些行星是因为它们反射太阳的光。金星是离我们最近的，也是最亮的行星。我们有时在清晨就可以看到金星，这时我们称它为“晨星”；有时我们在傍晚看到金星，这时又称它为“昏星”。当火星与木星距离地球最近时，它们发出的光芒几乎与金星同样明亮。由于火星的红橙色让它很容易被发现，因此它也被叫作红色星球。

在这张由哈勃望远镜拍摄的照片中，密云层环绕着木星。在图中右上角可以看到的是木星60多颗卫星中的一颗。

土星环是由围绕它运行的冰晶组成的。土星至少有60颗卫星。

想了解更多，请看本书第14和第15页

发光的行星

火星和金星之所以这么明亮，是因为它们是行星中距离我们最近的。而木星虽然距离我们很远，却依然看起来很明亮，是因为它太大了。木星比地球大1000多倍，事实上，它是太阳系中最大的行星。

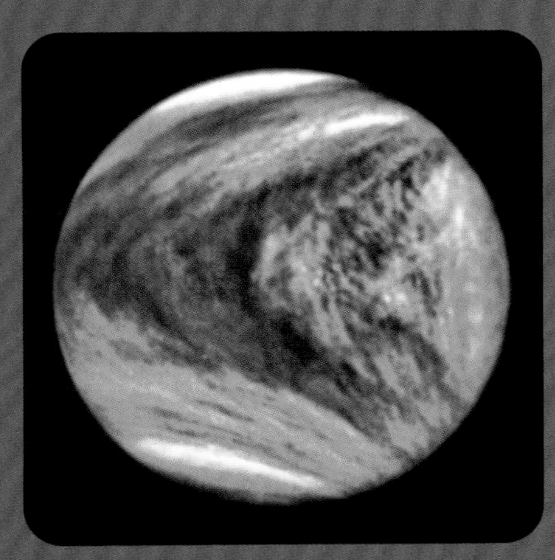

金星是一颗由岩石构成的类地行星。它是地球最近的邻居之一。

行星的构成

火星、金星和水星像地球一样，都是由岩石构成的。它们通常被称作类地行星或是像地行星。而木星、土星、天王星和海王星主要是由气体构成的。这些行星在某种程度上都是一样的，它们被由尘埃颗粒和冰块组成的行星环围绕，它们都是由许多卫星组成的小星系的中心。

仅此一例

比海王星距离太阳更远并由岩石构成的是冥王星。冥王星发现于1930年，直到20世纪末，它一直被认为是行星。不过科学家们在发现另外一些像冥王星的天体后，开始确认冥王星与其他行星不同。冥王星现在被认为是矮行星，像它一样的天体被称为类冥矮行星。在每次围绕太阳公转的旅程中，有大约20年的时间，它比海王星更靠近太阳。冥王星是一个冰冷的世界，温度可低至−232℃。冥王星有5颗卫星。

岩石碎片

科学家认为，行星是由一种形成太阳的气体云遗留下来的物质构成的。在行星和卫星形成后，很多物质的碎片被留了下来。这些碎片依然在它们自己的轨道上围绕着太阳飞驰，就像微型行星一样。最大的一组碎片在火星和木星之间的“宽带”上运行，这些岩石碎片被称为小行星，数量有数千个。最大的小行星是谷神星，它的直径有975km。但是大部分小行星都很小，其中最小的小行星是1991BA，它的直径只有6m左右。

流　星

你曾经目睹过星星从天而降吗？在晴朗的夜晚，你或许可以看到白光划过夜空，有些人称这种轨迹为流星。当然，这些星星不是真的掉下来。你所看到的是来自太空的小岩石碎片，有的只有砂石那么大。小岩石碎片穿过高层大气时会与空气发生冲撞、摩擦，这会导致岩石碎片升温和发光，流星就出现了。其中大多数岩石碎片会迅速燃烧殆尽，化为尘土。

流星在完全燃尽之前，掉落在地上的碎片叫作陨石。大型陨石在撞击地面时会形成巨大的陨石坑。

彗星

彗星是以长椭圆形轨道围绕太阳运行的冰物质。它们有时会在夜空中上演一场非常壮观的表演。一颗彗星是由一个发光的巨大彗头、一条或多条由气体和尘土组成而且可以在天空拖出长长的尾巴的彗尾构成的。

当彗星靠近太阳时就能看到彗尾了。来自太阳的粒子流把彗星中的一些气体和尘埃吹成彗尾。所以，彗尾总是指向远离太阳的方向。

在大约5万年前，一块来自外太空的巨大陨石造成了这个位于美国的巨大的陨石坑。这个大坑直径1275m，深约175m。

光学望远镜

我们可以通过眼睛遥望星空，但是如果我们想通过肉眼更多地了解恒星就很难了。为了能看得更清楚，我们需要利用望远镜。望远镜这个词字面的意思就是“往远处看”，正是望远镜使我们具有了看得更远的能力。

位于夏威夷的凯克望远镜是世界上最大的而且还在使用的光学望远镜。

折射和反射望远镜

1609年，意大利科学家伽利略成为第一个通过望远镜研究天空的人。伽利略使用的望远镜用的是玻璃透镜。时至今日，一些天文学家依然在使用这种类型的望远镜——折射望远镜，透镜将光折射进入观察者的眼中。而最大和最有效的望远镜是用镜子收集星光的，即反射望远镜——镜子将光反射到观察者的眼中。天文学家放置望远镜的地方叫观测台。

天文与建筑小百科探索　为什么越大的镜片越好

这个简单的实验展示了大镜片如何捕捉到更多的光。

请准备

- 3张纸
- 胶带
- 1盏台灯
- 直尺
- 1支钢笔或铅笔

1 把一张纸卷成圆锥体，一端的开口仅比铅笔的直径大一点，而另一端的开口直径为5～7.5cm，用胶带把圆锥体固定好。

2 卷好第二个圆锥体并用胶带固定，一端小开口处像第一个圆锥体的小开口一样大，另一端的大开口处直径大于11.25cm。

3 如图所示，打开台灯，把第三张纸放在桌子上。

4 把第一张纸卷成的圆锥体放在灯下，大开口的那头朝向台灯。调整圆锥体与纸的距离，使一个边缘清晰的圆形光点在纸上显示出来。

如右图所示，坐落在智利阿塔卡玛沙漠的大型望远镜是世界上最大的反射望远镜阵列之一。下图是其中一台望远镜的内部。

5 开始向一边将圆锥体移出光线，直到光点消失。

6 用铅笔标记出光点消失的地方。

7 用第二张纸卷的大圆锥体，重复第4、5、6步骤。注意你手持的是圆锥体小的那端，圆锥体与步骤4中距离纸的远近一样。你发现了什么？

越大的圆锥体收集到的光越多，投射在纸上的光点越亮。你可以把光源移得更远一些，仍然能得到一个光点。同理，大型望远镜比小型望远镜能让我们观测到更远、更黯淡的恒星。

视频演示

大型望远镜

专业天文学使用的望远镜比我们买来在家里使用的那种望远镜大很多。透镜越大，望远镜收集到的光就越多。夏威夷的“凯克I号”望远镜、“凯克II号”望远镜是世界上最大的可用光学望远镜中的两台。每个透镜的直径都有10m。凯克望远镜中的每面镜子都是由若干个镜段组成的，每个镜段都是一面镜子。天文学家借助这两台望远镜强大的光收集能力来研究宇宙中遥远的天体。

为了获得更好的效果，望远镜可以由两面或更多面的镜子组装而成，这种望远镜叫阵列。智利阿塔卡玛沙漠的超大望远镜就是一组阵列。它是由4个8.2m宽的望远镜组成的，是世界上最大的反射望远镜阵列之一。

射电望远镜

除了光，恒星还以其他多种形式释放能量。恒星也会发出无线电波，穿过地球大气层。天文学家使用射电望远镜研究这些无线电波。绝大部分射电望远镜都用一个被称为碟形天线的反射器收集无线电信号。射电望远镜将微弱的无线电波集中到一个收集器里，就像立体声系统中的接收器一样，可以放大无线电波。科学家利用计算机，将来自恒星、星系等的信号进行处理和转换，形成图像。目前世界上最大的单口径射电望远镜是位于中国贵州的“中国天眼”，它的直径长达500m。

射电望远镜拍摄的图片不如光学望远镜拍摄得清晰。但是，利用一种被称为无线电干涉测量法的技术能拍摄到特别清晰的图像。无线电干涉仪由几个相隔很远的反射器组成。计算机将来自反射器的无线电信号整合起来，用于制作天空的无线电地图。位于美国索科罗的超大阵列（VLA）射电望远镜由27个接收盘组成，每个直径达25m。2007年，拥有42个接收天线的艾伦望远镜阵列在美国喀斯喀特山脉开始建造，它的主要任务是寻找太空中可能存在的智慧生命的信号。

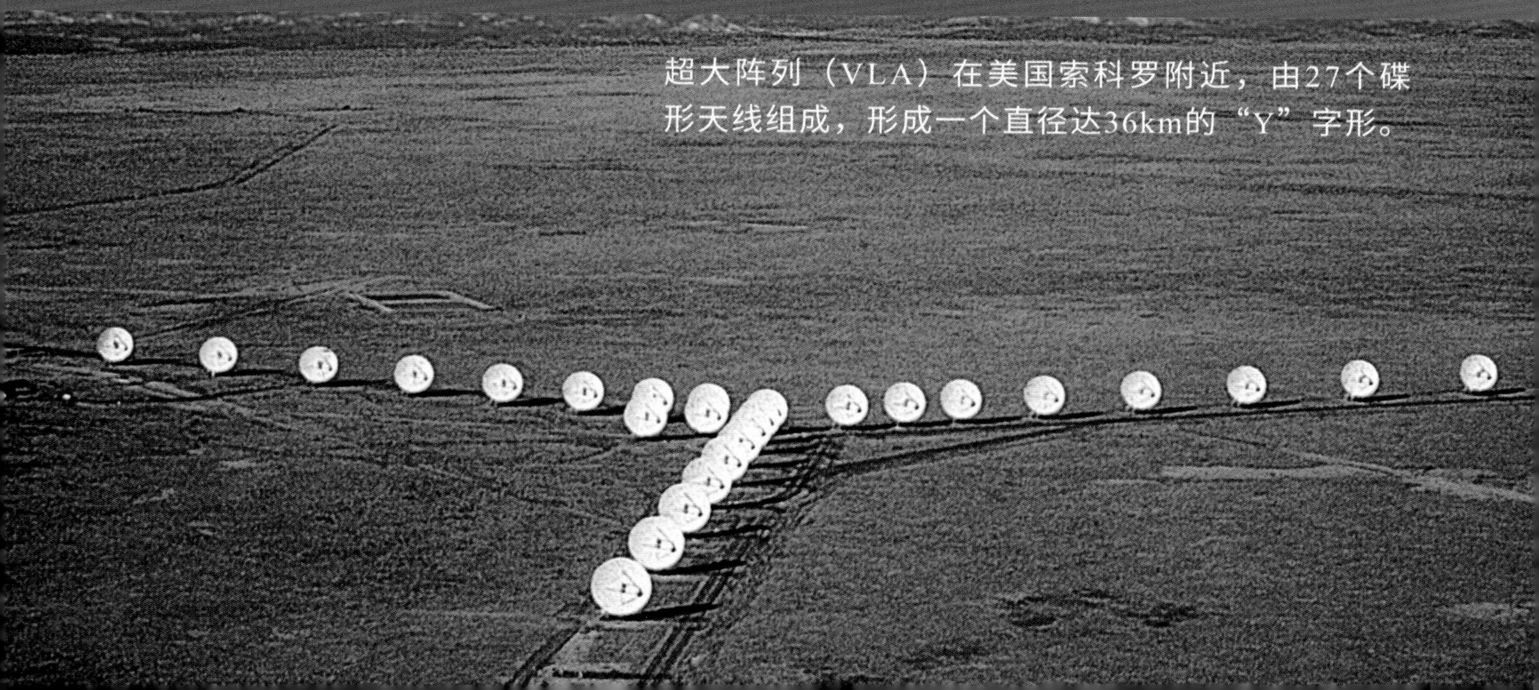

超大阵列（VLA）在美国索科罗附近，由27个碟形天线组成，形成一个直径达36km的“Y”字形。

太空望远镜

地球的大气层阻挡了一些恒星发出的光线。因此，天文学家把望远镜送入太空，去测量紫外线、红外线和X射线，以及来自外太空的可视光和无线电波。红外望远镜则用来收集太空天体放射出的热射线。

天文学家使用紫外线望远镜研究类星体和白矮星等极热的天体。X射线望远镜用来收集关于黑洞的信息，而伽马射线望远镜则用来观察脉冲星和类星体。

哈勃空间望远镜于1990年发射。这个反射望远镜对来自恒星的可见光、紫外线和红外线很敏感。哈勃空间望远镜已经发回来很多令人激动的外太空图像，并且为黑洞的存在提供了证据。

钱德拉X射线天文台在1999年由航天飞机送入太空。它观测来自黑洞、脉冲星和太空中其他高能物体的X射线。

斯皮策空间望远镜是一个红外望远镜，用来观测恒星和行星形成的巨团。这台2003年发射的望远镜还能研究来自最遥远星系的光线。

哈勃空间望远镜在地球上空610km高的轨道上运行。

宇航员从“奋进号”航天飞机出舱，在太空中修复哈勃望远镜2.5m宽的镜面上的一处裂纹。

太空定律

当你跳跃的时候会发生什么？你能一直停留在空中吗？当然不能。你会迅速地落到地面。为什么？因为地球把你拉下来了。把我们拉下来的力量就是重力。在地球上，这个力会让东西都掉下来。它能吸引住一切物体，如岩石、树木、建筑、海洋，甚至空气。

物体对于其他物体也有引力。一个物体越重，引力就越大。月球比地球轻得多，所以它的引力也就小得多，只有地球引力的1/6。所以，如果你在地球上能举起60kg的物体，那么在月球上就能举起600kg的物体。木星有更强的引力，因为它比地球大得多。

太阳有着巨大的引力，延伸几十亿千米。正因为如此，它才能让恒星在轨道上围绕其运行。

准备好，星际跳高！如果在地球上跳高，你可能会跳到1m。在月球上，因为引力更小，你可以跳到6m。在木星上，引力更大，如果能在木星气态表面上跳的话，你只能跳到大约35cm。

光和距离

假设你住在离学校1.6km的地方，需要走15分钟到学校。这里的1.6km是指距离，15分钟是指时间。

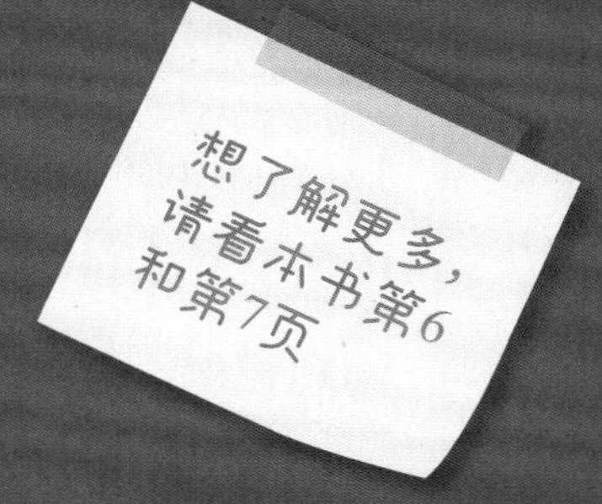

在太空中，天体之间的距离非常遥远，天文学家用一个被称为光年的特殊单位来度量如此遥远的距离。1光年等于9.46×10^{12}km，表示光在真空或太空中1年走过的距离。天文学家测量恒星与地球之间的距离时，看的是这颗恒星发出的光到达我们地球所需要的年数。我们需要一个像光年这样大的单位来度量太空中遥远的距离。

天文与建筑小百科探索　原地转圈

请准备

- 1个小圆橡胶球
- 1只旧长丝袜或长袜

1 把圆球放进长袜里。

2 拿住长袜的尾端，在你的头上抡这个球。记得在户外空旷的地方做这个动作，确保附近没有人。

你能感到球在用力脱离吗？为了保持圆周运动，你必须向另一个方向用力拉。

3 确保附近没有人，再抡起圆球。当你放手时发生了什么？这个圆球不是按圆周运动的方向，而是以直线的方向飞出。如果突然失去引力，行星或卫星就会发生这种情况。

这就是行星围绕太阳运行的方式。行星用力脱离，但太阳必须把它拉回来，让它保持在合适的位置。这个拉力就是太阳的引力。同理，地球的引力就是确保卫星能围绕它运行的拉力。

火箭

如果你想去太空旅行，你不能乘坐喷气式飞机去。喷气式发动机的工作原理是利用空气中的氧气使燃料燃烧起来。不过，太空里没有氧气，燃料没有氧气是不能燃烧的。只有一种发动机能在太空中工作，就是火箭发动机，这是因为它自己携带了氧气装备。

中国人在大约900年前发明了火箭，当时使用的燃料是火药。时至今日，火药仍在应用，用来制作烟花爆竹。爆竹的设计非常简单。火药被装在一个纸筒里，当爆竹被点燃时，火药燃烧。随着它的燃烧，爆竹释放大量的高温气体，气体向各个方向均匀地施加压力，但只能通过爆竹尾部喷出。喷出来的气体推力大于来自爆竹上方的压力，从而驱动爆竹上升。

一些火箭用固态燃料驱动。这些燃料比火药更有力量，但它们的工作原理是一致的。

化学火箭

绝大多数的太空火箭使用的都是液态燃料，这些火箭被称为化学火箭。它们比固态燃料火箭复杂得多。火箭内部的大部分空间被两个储罐所占据，一个储罐装燃料，另一个储罐装氧化剂，就是提供氧气的物质。燃料和氧化剂被泵入燃烧室，在那里它们被点燃了，燃烧产生的高温气体推动火箭前进。

天文与建筑小百科探索 火箭燃料

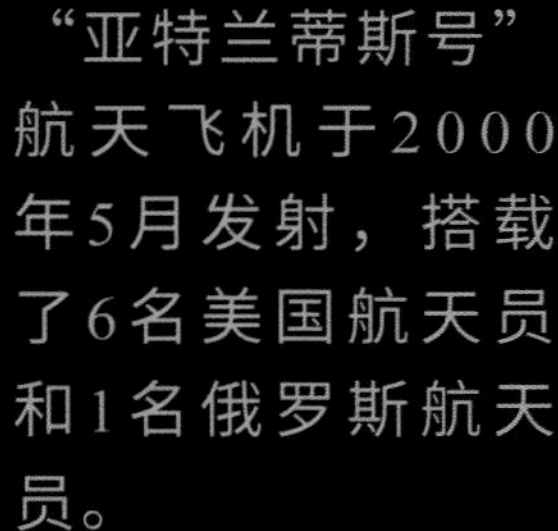

“亚特兰蒂斯号”航天飞机于2000年5月发射，搭载了6名美国航天员和1名俄罗斯航天员。

这个实验会把周围搞得很脏乱，所以最好是在室外做。

视频演示

请准备

- 1个小塑料瓶
- 1个软木塞
- 10支铅笔
- 泡打粉
- 1把钢勺
- 水

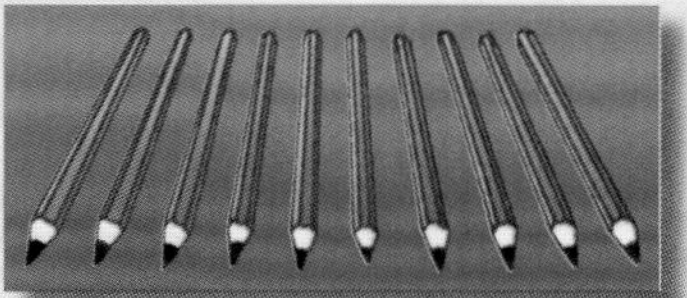

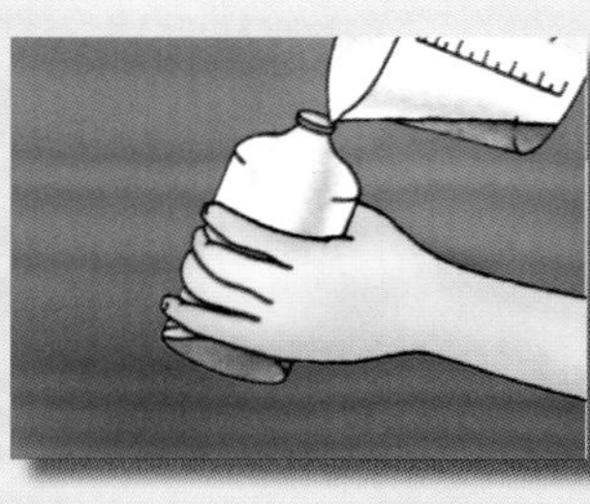

1 把10支铅笔按照2.5cm的间距放好。

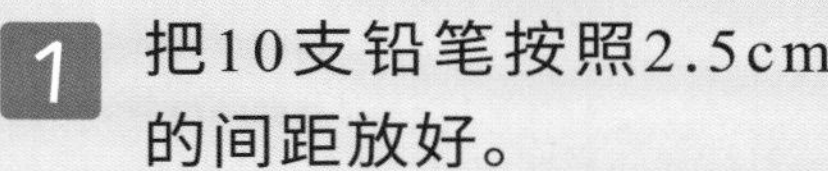

2 把5钢勺泡打粉放进塑料瓶里，往塑料瓶里倒水，直到水没过泡打粉。

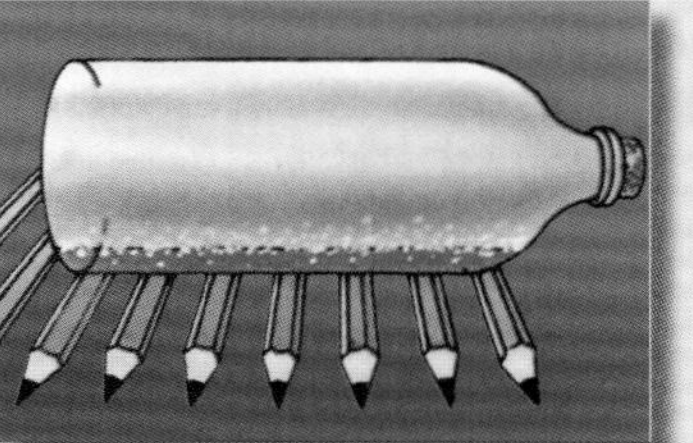

3 快速用软木塞堵住瓶口，并把塑料瓶放在铅笔上。向后站在塑料瓶的一侧。

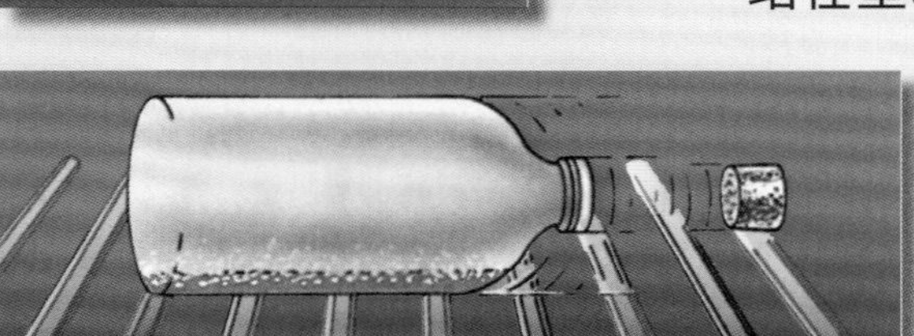

泡打粉和水开始发出嘶嘶的声响，并产生了大量气体。瓶内的压力越来越大，并很快将软木塞顶开。

随着软木塞飞了出来，铅笔上的塑料瓶向反方向冲了出去。

多级火箭

火箭本身的力量不足以将自己发射到太空，必须把一系列单级火箭组合在一起才能实现，我们称这种组合为多级火箭。

大多数的运载火箭是由两个或三个独立火箭组成的多级火箭，多级火箭通常头尾相连。第一级称为助推器，它启动火箭，并把它发射出去，让火箭完成其旅程的第一部分，在助推器燃尽燃料后会掉落。第二级开始用自己的发动机继续运行。

迄今为止已经建造的最高的多级火箭是美国的“土星五号”火箭。它在发射台上直立高度达110m，由三级火箭组成。

强大的“土星五号”在20世纪六七十年代用来将“阿波罗号”宇宙飞船发射到月球。

在发射多级火箭时，火箭是一级接一级燃烧的。每一级在燃料用尽后会自动脱落。

美国火箭科学家罗伯特·戈达德于1926年成功发射了第一枚液态燃料火箭。

德国V-2型导弹于1944年和1945年生产。在第二次世界大战（1939—1945）即将结束时，成千上万的V-2型导弹给欧洲城市（尤其是伦敦）造成了惨重的伤亡和破坏。

减轻负载

多级火箭每掉落一级，就会变得更轻。通过这种方式，它可以高速运载人员和设备到太空。三级火箭可以比一级火箭快3倍。

轨道

你可以把一个球扔多远？大约15m或20m？为什么不能把球扔得更远？这是因为地球引力（重力）限制了球的运动距离。当你扔球时，它会飞入空中，但是地球引力很快就会把它拉回地面。

为了发射宇宙飞船，我们必须设法克服重力。怎么实现呢？利用速度。想象你在扔一个球。如果你轻轻地扔这个球，它会飞得比较慢，也不会飞得很远。你扔得越用力，球就会飞得越快，飞出的距离也越远。这就是在用速度对抗重力。

一直处在落地过程中

如果你把球扔出的速度足够快，它的运动轨迹可以和地球表面的弧线平行。换句话说，如果球与地球表面的距离不变，它将进入环绕地球的轨道运行。

脱离引力

为了将球发射到轨道上，你必须让它的速度超过步枪射出子弹时的速度的12倍。这个速度接近2.8×10^4km/h，这就是轨道速度。如果你想把球送到火星或是其他行星上，你必须扔得更快，达到4.0×10^4km/h的速度，它才能彻底脱离地球的引力，这个速度又叫作逃逸速度。

围绕地球的卫星轨道有赤道轨道、极地轨道、地球同步轨道等。赤道轨道与地球赤道平面重合，卫星始终在赤道上空飞行；极地轨道与地球赤道平面垂直，卫星飞跃南北两极上空；地球同步轨道是指卫星运行周期与地球自转周期相同的轨道。

在轨道上

太空科学家以轨道速度把卫星送入轨道。在距离地球约300km的太空中，一颗卫星用大约1h绕地球一周。它是如何在太空中保持绕行的呢？为什么它没有减速并落回地球？原因在于太空中既没有空气，也没有其他物质引起摩擦让它减速。所以，它才能以相同的速度一圈一圈地在地球上方旋转。

想了解更多，请看本书第24，25，32～34页

天文与建筑小百科探索　画一个轨道

请准备

- 1张纸
- 1块纸板
- 1团线
- 1支铅笔
- 2枚图钉
- 直尺

1 把纸放在纸板上，将2枚图钉钉在相隔10～12cm的地方。

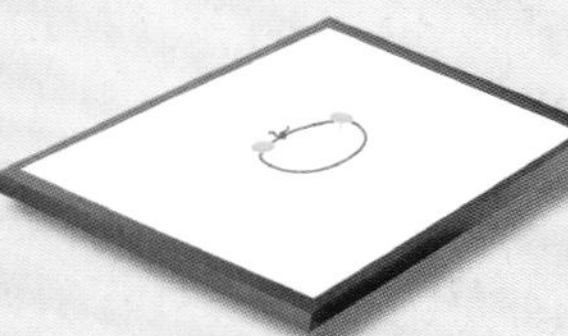

2 剪下一段比2枚图钉距离2倍长出5cm的线。把线的两端系在一起，绕在图钉上。

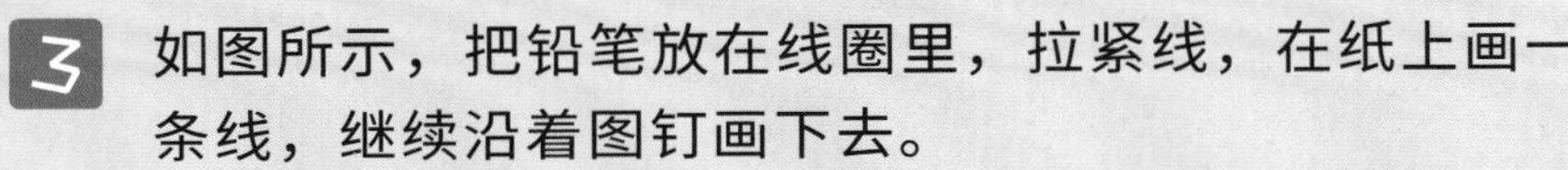

3 如图所示，把铅笔放在线圈里，拉紧线，在纸上画一条线，继续沿着图钉画下去。

你会发现你画了一个卵形，准确的名字是椭圆形。大多数绕地球运行的卫星，轨道都是椭圆形的。

通过移动图钉之间的位置，可以改变椭圆形的大小和形状。

视频演示

卫星服务

1957年，苏联发射的第一颗人造卫星“斯普特尼克1号”进入环绕地球的轨道，现在有超过3000颗这样的卫星围绕地球运行。这些卫星都有不同的用途，通信卫星在地球各大洲之间传送电话通信和电视节目；气象卫星帮助人们准确预报天气；地球探测卫星帮助人们绘制更精确的地图，并找到有开采价值的矿藏；天文学家用卫星研究太空；导航卫星提供全球定位系统，帮助人们找到他们在地球表面的位置。

流线型

卫星由轻型材质制成，所以它们不需要像飞机那样设计成流线型。你知道这是为什么吗？

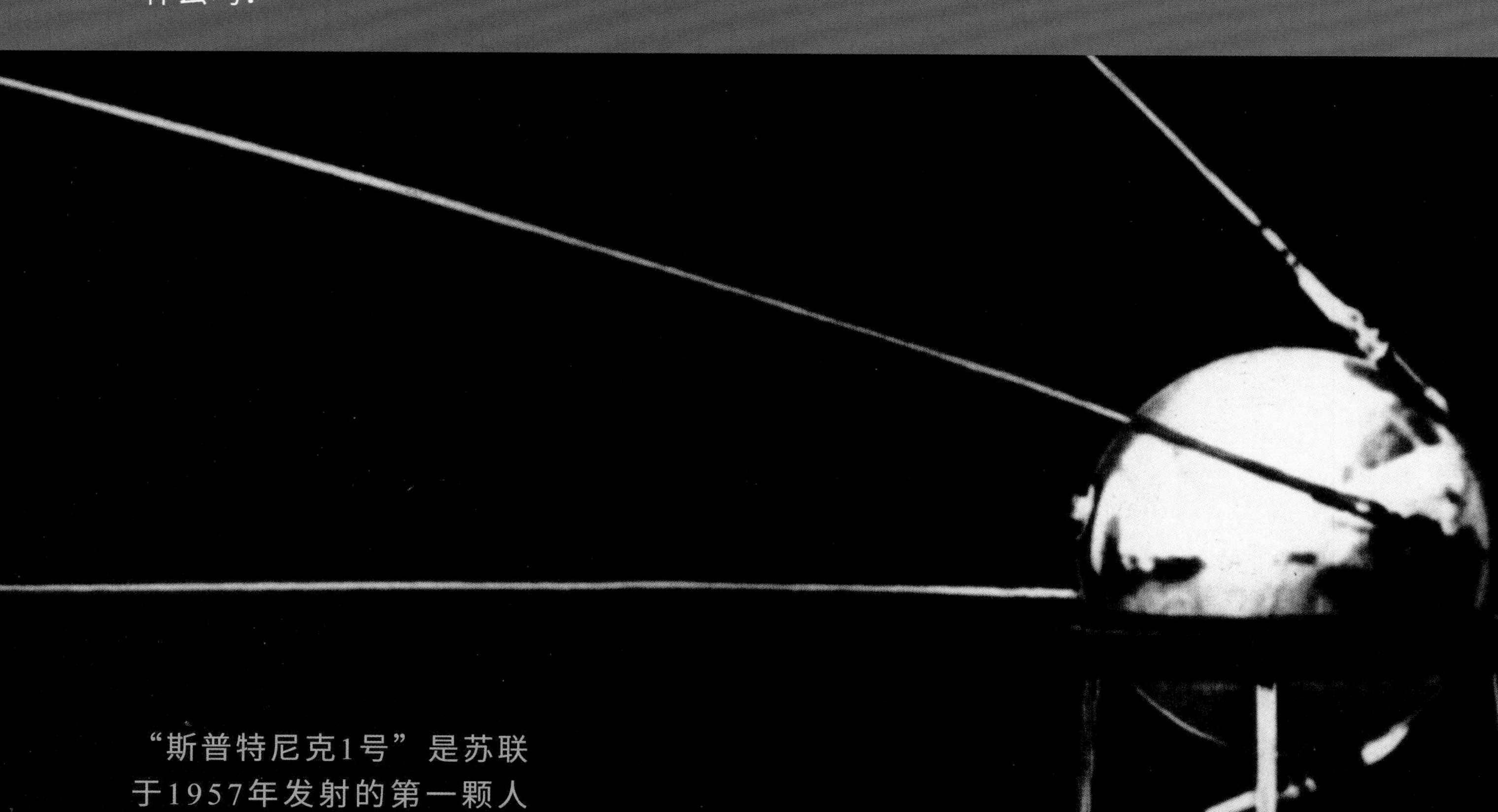

“斯普特尼克1号”是苏联于1957年发射的第一颗人造卫星，地球可以接收到它所发出的无线电信号。

建造一颗卫星

无论卫星的用途是什么，它们大多有某些相同之处。它们都需要携带1个无线电设备和几根天线，有些天线是碟形的。卫星会携带各种测量仪器，有时还会带上相机。无线电设备发射或接收信息，然后将信息传送到地球。很多卫星都有太阳能电池板，这个电池板很大，表面是平的，看起来像船桨，太阳能电池板收集太阳光中的能量，并将能量转化成电能。电能保证卫星上的仪器运行和无线电信号的传送。卫星上的计算机收集和处理信息，并且与地球上的计算机相连，所以它们也能控制卫星。

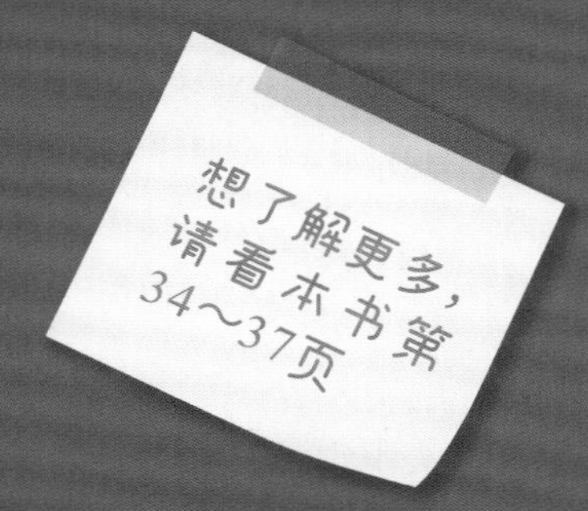
想了解更多，请看本书第34～37页

天文与建筑小百科探索　发送信号

请准备

- 1个大气球
- 1团线
- 银色颜料

- 1个手电筒

- 1把美工刷

1960年，人们用这种通过气球反射信号的方法在太空中发出了第一个无线电信息。这个气球被称为“回声1号”。

1 先把气球吹大，系好气球口，接下来在表面涂上银色颜料，并晾干。

2 在气球系口处系一根线，然后在室外选一个位置将气球挂起来：保证你和你的朋友都能看到气球同一侧，但又看不到对方。

3 在黑暗中，用手电筒照亮这个气球，然后按照短闪、长闪的频率开关手电筒。你的朋友会看到闪光被气球反射回来。

通信

科学家们通过计算机控制卫星。他们利用计算机跟踪卫星的位置，向卫星上的计算机发送指令，汇总卫星收集到的信息。这些计算机所在的地方叫作控制中心。控制中心通过无线电与卫星通信。

跟踪定位

如果想与卫星通信，你必须知道它的位置。有些卫星总是位于地球上方同一点的轨道上，这些卫星一直与地球保持联系。有些卫星每天只有一两次经过地球上的某个地点，控制中心的工作人员必须能够跟踪到这些卫星。他们在跟踪站使用大型碟形天线来监听卫星信号，这些天线跟踪卫星在天空中的运动，并与它交换无线电信号。

想了解更多，请看本书第30和第31页

中继卫星在地面站和航天器之间传递信号。

任务控制中心

对于宇航员来说，与地面保持联系尤为重要。载人太空旅行的主要通信中心称为任务控制中心。任务控制中心的工作人员与太空中的宇航员采用多种方式进行交流。他们可以通过无线电与彼此交流；电视画面也可以在太空舱与地球之间传送；计算机、传感器和其他设备都在持续不断地向地球发送信号。

任务控制中心会用到卫星和世界各地的卫星跟踪站网络。其中有一种卫星叫作跟踪与数据中继卫星，或简称为中继卫星，就是用来在宇航员和任务控制中心之间传递信号的。

观测地球

用来观测地球的卫星叫作地球观测卫星。这些卫星围绕地球运行的轨道使它们能够在地球自转时越过地球的南北两极，因此就可以拍摄几乎整个地球表面的照片。科学家利用这些卫星对我们这个星球的资源进行定位和研究，比如寻找有开采价值的矿藏和淡水水源。它们还让科学家们了解到污染源和污染的影响程度。科学家们也利用这些卫星跟踪农作物和森林中的疾病传播。

“地球资源技术卫星1号”（ERTS-1）又称“陆地卫星1号”，是美国在1972年发射的地球资源卫星，也是最早的地球资源卫星之一。陆地卫星图像存储在美国及世界各地的陆地卫星接收站。自1986年开始，法国已经发射了一系列名为“斯波特”的地球观测卫星。它们传回了很多质量高清的图像。1999年，美国宇航局发射了一枚新的地球观测仪器，叫Terra。它在测量温度、水蒸气、风和化学成分方面拥有先进的技术，未来将取代美国陆地卫星（Landsat）。

自1972年以来，美国已经发射了9颗陆地卫星。这幅图片展示了艺术家对“陆地卫星7号”环绕地球的设想。“陆地卫星7号”于1999年发射，“陆地卫星8号”于2013年2月发射，“陆地卫星9号”于2021年9月发射。

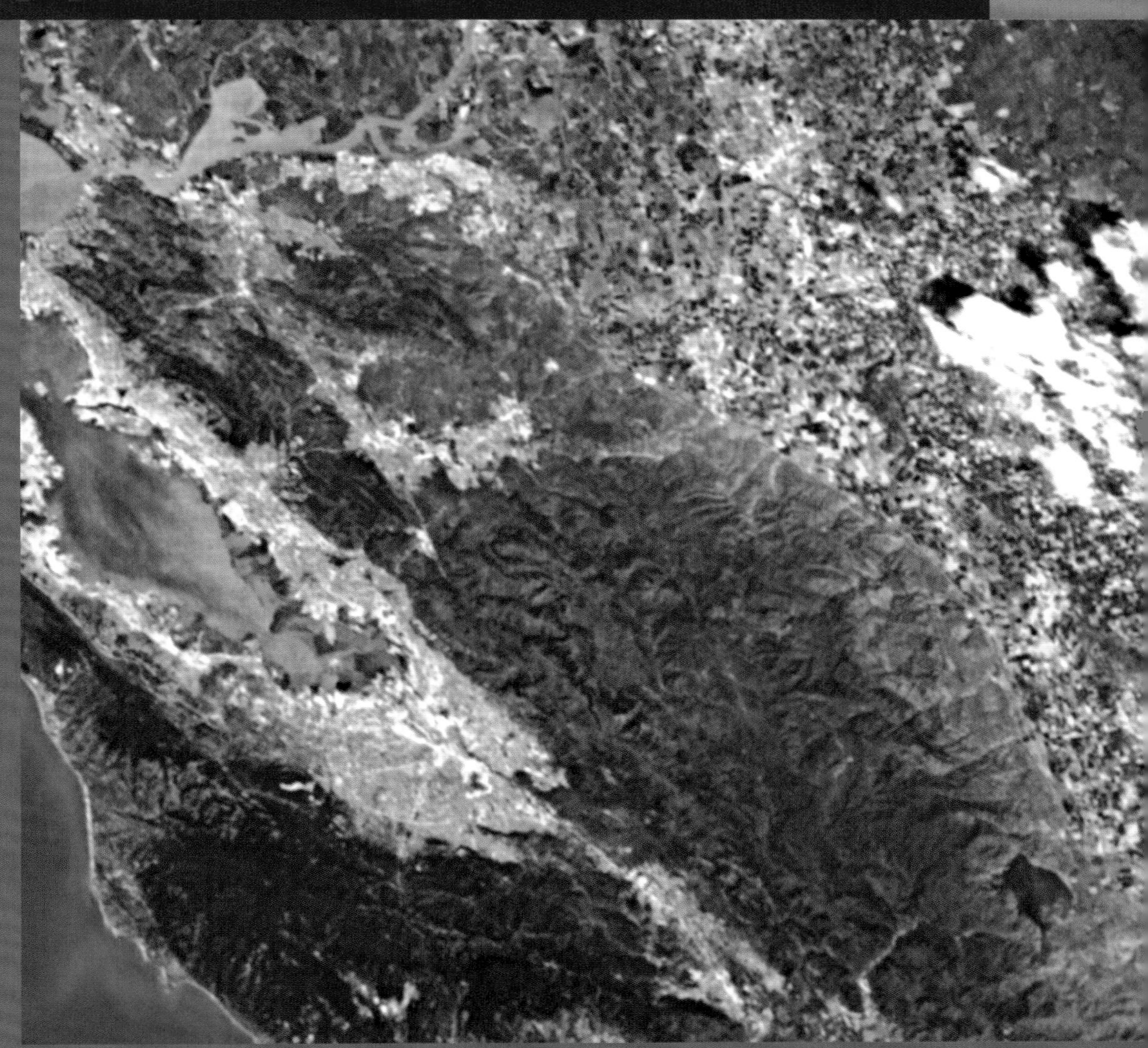

这张照片是由美国地球观测卫星“陆地卫星7号”拍摄的。它展现了美国西海岸旧金山湾区的画面。图片左边深蓝色的区域是太平洋，而蓝色和黄褐色的区域是海湾。

看不见的图片

想了解更多，请看本书第32～34页

地球观测卫星和电视摄像机的拍摄方式相同。它们以电子信号的形式拍摄照片，并将信号传回地球，再由计算机将信号转换成屏幕上的图像或照片。

地球观测卫星不仅可以使用普通的可见光拍摄图片，还可以使用不可见光线，如红外线进行摄影。红外线照片可以显示地球的温度，还可以显示这些地方是农田还是城市。计算机可以用不同的颜色打印出这些区域的图像。

太空旅行

你曾梦想过太空旅行或者去月球吗？早在太空时代开启以前，很多人就梦想着去太空旅行。直到1961年4月，人类才得以进入太空。苏联飞行员尤里·加加林乘坐“东方1号”宇宙飞船完成了绕地球的单轨道飞行。加加林是世界上第一名宇航员。

第一位进入太空的美国人是艾伦·谢泼德。谢泼德进入太空188km，停留15min后降落，此次他并未进入轨道。谢泼德乘坐的宇宙飞船是一个名叫“自由7号”的小太空舱。

生命保障系统

载人航天器或宇宙飞船与卫星有很大不同。载人飞船必须安全地将人类送入太空，保证他们在太空中生存，还要将他们安全地带回地球。

为了保障宇航员的生命，载人飞船有一个生命保障系统。这个系统为宇航员提供了空气、食物和饮用水。它确保人类在一个温度可控制的环境里能够呼吸、吃饭、喝水、排泄身体废物、睡觉、锻炼和进行娱乐活动。

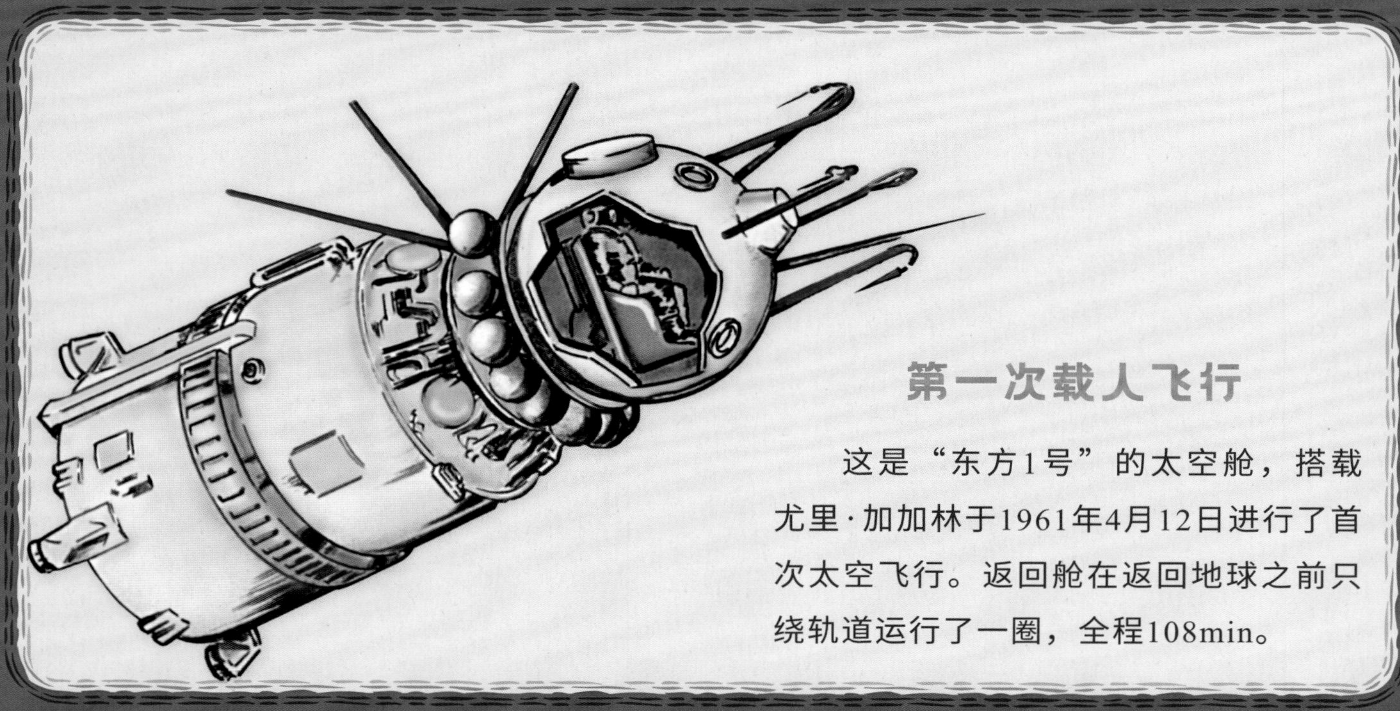

第一次载人飞行

这是“东方1号”的太空舱，搭载尤里·加加林于1961年4月12日进行了首次太空飞行。返回舱在返回地球之前只绕轨道运行了一圈，全程108min。

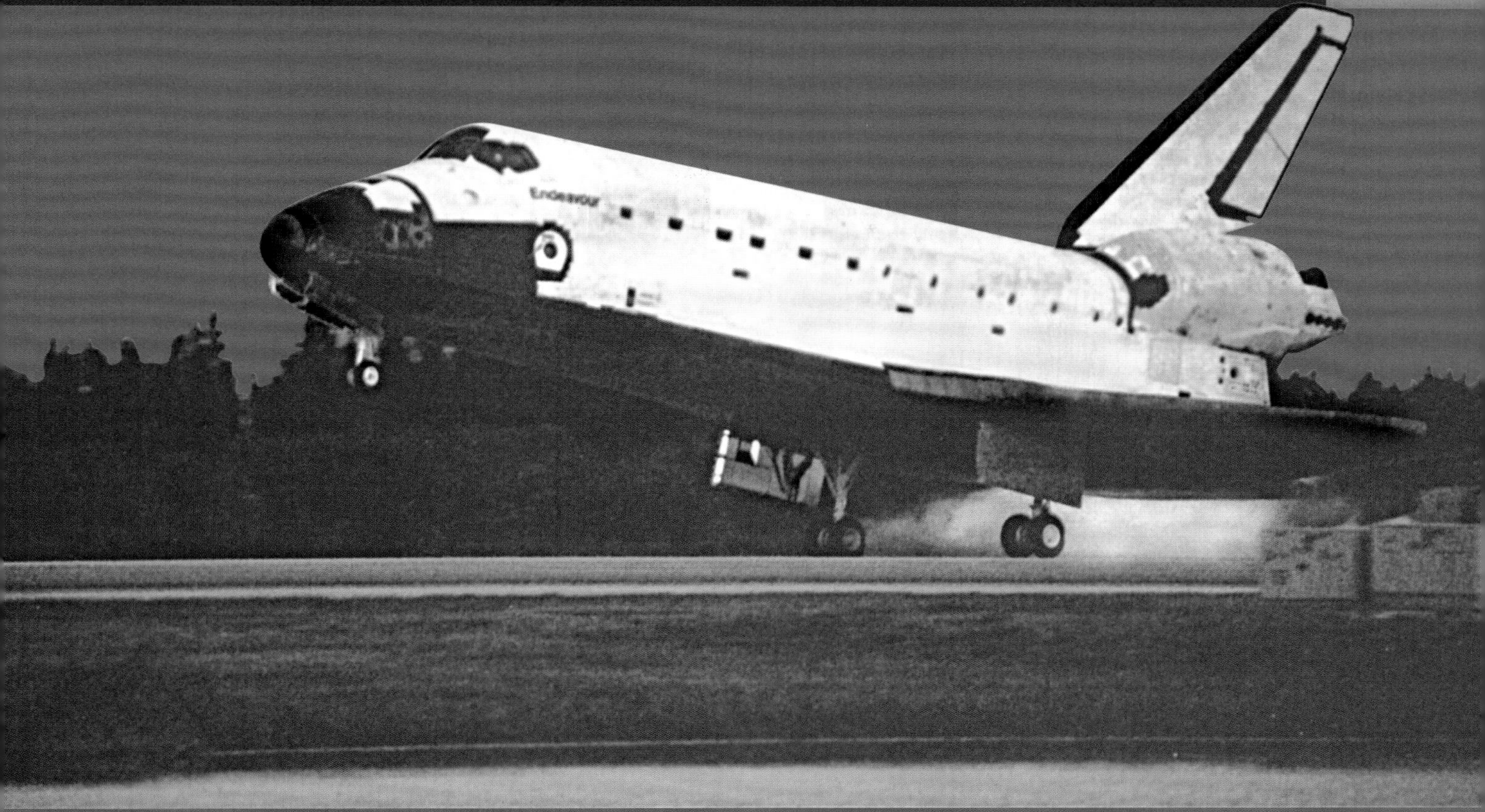

航天飞机就像上图所展示的那样，是用机翼滑行来完成起飞和降落的。

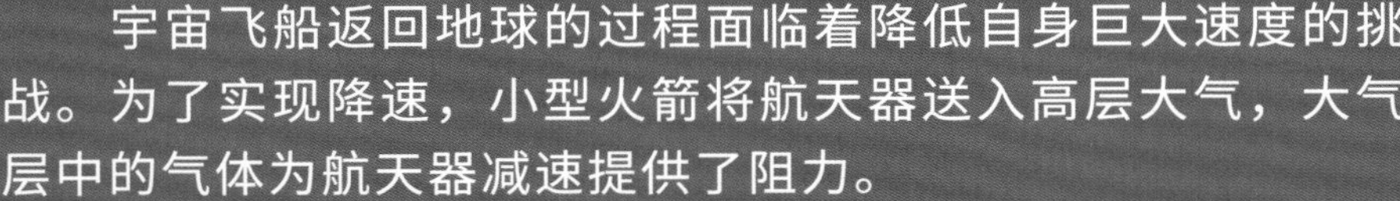

返回

宇宙飞船返回地球的过程面临着降低自身巨大速度的挑战。为了实现降速，小型火箭将航天器送入高层大气，大气层中的气体为航天器减速提供了阻力。

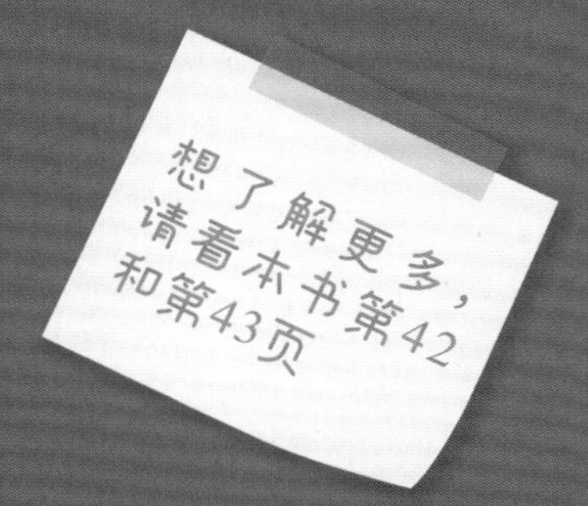

当航天器失去大部分速度后，它会自由下落。降落伞会进一步降低它的速度，在下降的最后几秒钟，可能会发射小型火箭来产生与降落方向相反的推力，从而缓冲航天器着陆的速度。一些宇宙飞船，包括航天飞机，像飞机一样使用机翼，通过滑行进行降落。“阿波罗号”宇宙飞船和美国其他早期的飞船返回地球时，会落入海洋。

想了解更多，请看本书第42和第43页

航天飞机

航天飞机是第一种可重复使用的载人宇宙飞船。它像火箭一样起飞，又像飞机一样降落。美国第一次航天飞机任务在1981年4月执行，最后的一次航天飞机任务在2011年执行。

航天飞机执行过很多重要任务。它们携带人造卫星、太空探测器和其他重物进入绕地球轨道。它们也负责找回需要维修的人造卫星，并将它们送回轨道。例如，1993年，“奋进号”航天飞机的机组人员修复了哈勃太空望远镜。航天飞机上的宇航员还实施了科学实验和观测任务。他们使用特殊的仪器观察地球、恒星和太阳。此外，他们还对各种材料、植物、动物和人进行了失重效应实验。

发射系统

航天飞机的发射系统包括三个主要部分：轨道飞行器、外部燃料箱和两个固体火箭助推器。机组人员乘坐轨道飞行器飞行。轨道飞行器看起来就像一个普通的三角翼飞机。巨大的外部燃料箱为轨道飞行器的发动机提供燃料。轨道飞行器安装在外部燃料箱上进入太空。两个固体火箭助推器连接在燃料箱上，它们帮助航天飞机进入高空。火箭助推器和外部燃料箱会在轨道飞行器进入轨道前脱落。

轨道飞行器

轨道飞行器包括两个主要部分，一个是在轨道飞行器前端的乘员舱，另一个是运载货物的载货舱。载货舱有一个大门，在航天飞机到达预定轨道时可以开启。轨道飞行器底部有一个由25000多块特殊片状材料组成的厚隔热板。在重新返回大气层时这个隔热板可以保护轨道飞行器不被摩擦产生的炽热高温所损毁。

乘员舱里有空气。此舱分为两层，上一层是飞行舱，机组人员就在这里驾驶飞船。这个飞行舱和飞机的驾驶舱看起来很相似，都有安装2000多个开关、按钮和表盘的操作台。而机组人员的生活区域则在下面的中层部分。

美国航天飞机机群有5架轨道飞行器，分别是“亚特兰蒂斯号”“挑战者号”“哥伦比亚号”“发现号”“奋进号”。“挑战者号”在1986年1月28日发射过程中解体并烧毁了。“哥伦比亚号”在2003年2月1日返回地球大气层后解体。

航天飞机是一种可重复利用的载人宇宙飞船。它采用火箭助推器起飞，当燃料耗尽时，借助降落伞减速降落到地球上。

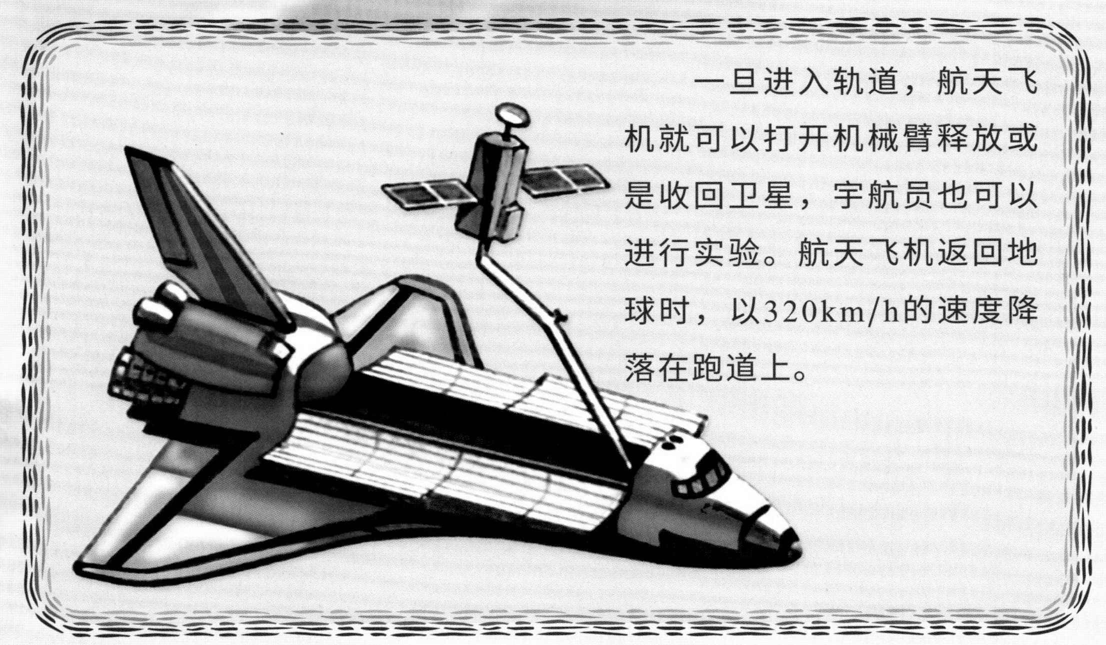

一旦进入轨道，航天飞机就可以打开机械臂释放或是收回卫星，宇航员也可以进行实验。航天飞机返回地球时，以320km/h的速度降落在跑道上。

太空旅行的影响

想象一下，你被绑在发射平台上的航天飞机中的座椅上，准备发射。倒计时开始——“5、4、3、2、1，发射！”随着航天飞机飞向天空，你感觉自己好像被推进了椅子里，你感受到的推力其实就是重力。重力让你觉得你的身体比平时重3倍。当你乘坐上升的电梯时，你也可以体会到这种感觉。

但当你进入轨道时就感受不到重力了，这就是失重。失重状态会影响你在太空中的一切活动，比如走路、吃饭、喝水和睡觉。

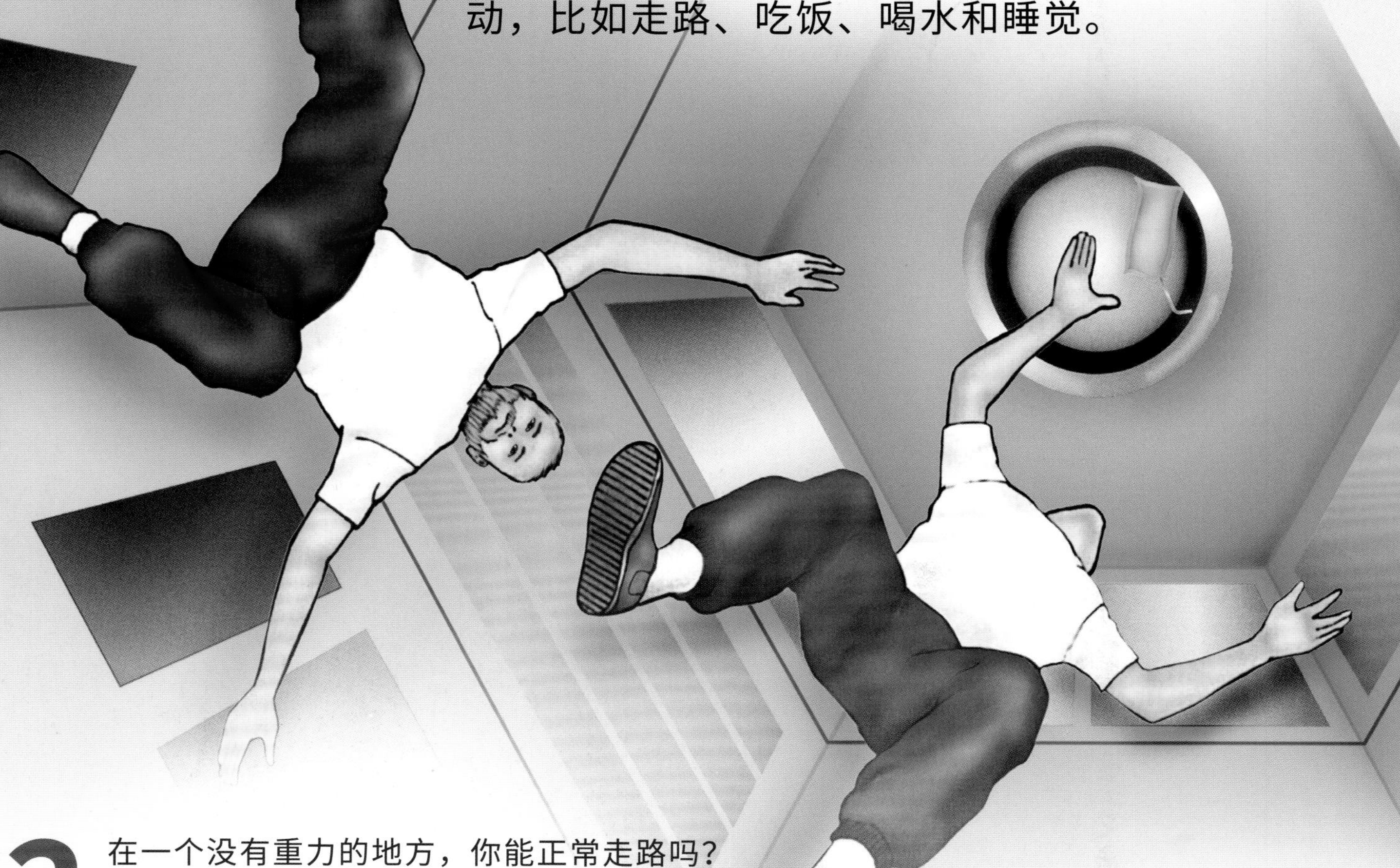

在太空中，你可以表演高难度的杂技动作。

?

在一个没有重力的地方，你能正常走路吗？

你能在你的食物上撒胡椒粉吗？

你能给自己倒杯饮料吗？

你能睡在一张普通的床上吗？

太空病

在轨道上飘浮、翻跟斗和做其他体操动作固然很有趣，但是身体并不能立刻适应这种失重状态，你会感觉不舒服。至少有一半的宇航员饱尝太空病的困扰。好在两三天后，身体会适应这种奇怪的状态，太空病的症状会消失。

在太空中的漫长旅程中，失重还会引起更严重的问题。没有重力的作用，身上的肌肉会变得虚弱并开始萎缩。为了避免这种情况的发生，宇航员必须有规律地做运动。在飞船里，宇航员可以使用跑步机进行锻炼。在俄罗斯的太空站里，宇航员们用固定在地板上的自行车进行锻炼。

想了解更多，请看本书第44和第45页

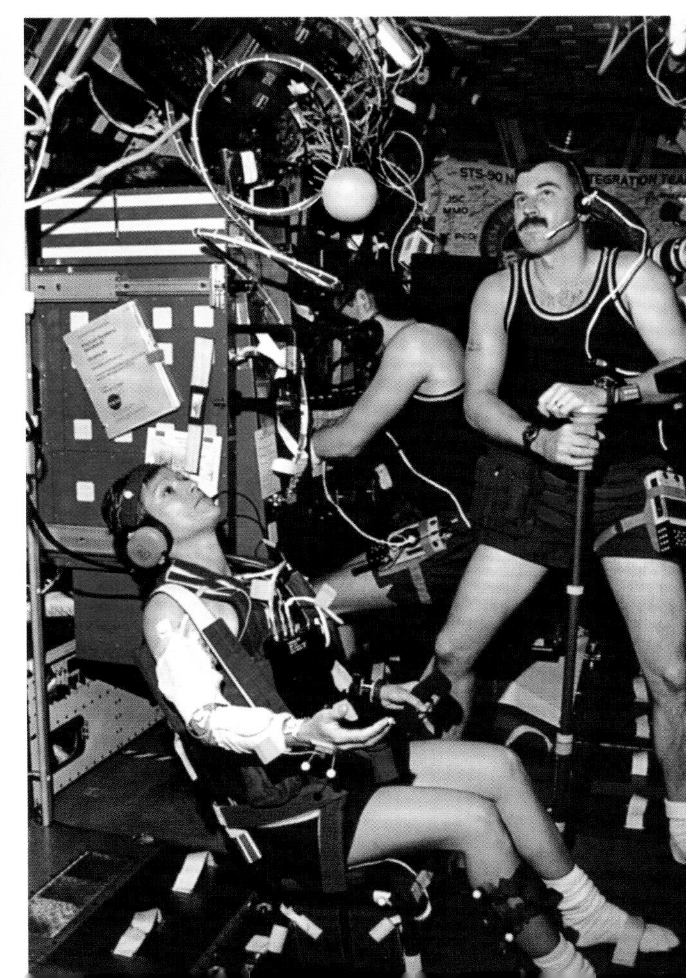

宇航员参与实验，测试身体，为太空旅行做准备。这位宇航员在做抓球的实验，这是为了测试她的中枢神经系统在太空中的反应。

训练宇航员

想象一下，你被选中和其他宇航员一起执行航天飞机的飞行任务。假设你是一名科学家，要在太空中做一些实验，你将被称为载荷专家。两名宇航员和你一起搭乘航天飞机，他们负责驾驶航天飞机。还有两名任务专家，他们负责诸如发射卫星的工作。

在起飞前，你和宇航员同伴们将进行历时一年甚至更久的训练。为了弄清楚失重是什么感受，你乘坐一架飞机，先是上升，然后突然俯冲。在几秒钟内，你就像在太空中一样飘浮在空中。你或许会穿上像宇航服一样的服装在一个水箱里做失重训练。宇航服是加重的，所以你既不会上升也不会下沉。

宇航模拟

你还将在模拟器里度过一段时间。模拟器是一个虚拟的航天器，内部看起来就像真正的航天器一样。你将在这个装置里为起飞和降落进行训练。模拟器上有真实航天器上的所有仪器。你甚至可以在其中体验失重的感受。透过模拟器的窗户，你会看到从太空俯瞰地球的景致。这个窗户实际上是屏幕，图像由控制整台机器的计算机生成。驾驶模拟器就好像在玩一款复杂的电子游戏。

想了解更多，请看本书第42和第43页

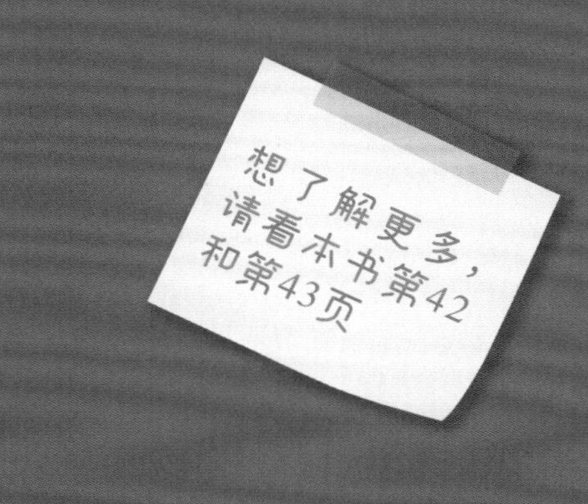

在发射过程中，宇航员会感受到重力，这会让他们感到像被钉在座位上似的。当他们在离心机里训练时，也会体验到一样的重力。离心机是一种在长臂末端上有一个可供宇航员乘坐的密封舱，并且不停旋转的机器。

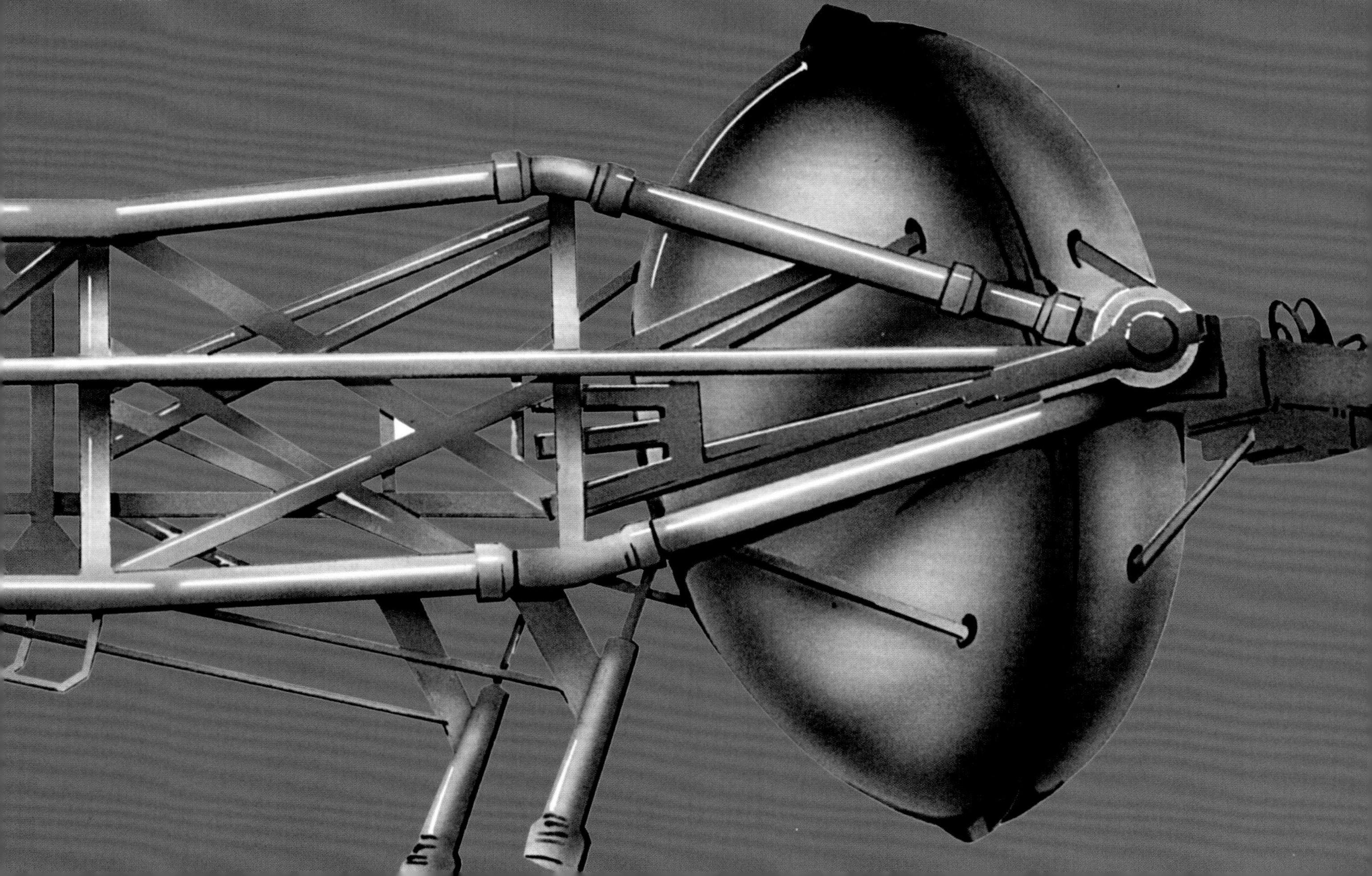

太空作业

一旦航天器到达预定轨道，机组人员就开始执行目标任务了。在航天器内部，他们把需要用到的设备设置好并打开。他们执行所有需要与空间站或卫星对接或连接的工作。机组人员还必须在需要时做一些维修工作，有时甚至需要建造新的空间站，或在现有空间站的基础上增加新的站点。

去航天器外工作又叫舱外活动（EVA）或太空行走。有一种特殊的宇航服可以用来保护在舱外活动的宇航员。这种服装由好几层材料组成。供呼吸的氧气被输送到紧贴身体的内层。外层用来保护宇航员免受飞行碎块的伤害。

在宇航服中的管道里流动的水，可以使宇航员保持身体的凉爽。冷却水和氧气罐及无线电设备被放在一个内置背包里。无线电让宇航员可以和其他机组人员及地球保持联系。头盔可以阻挡来自太阳的有害射线，同时还能让宇航员看清外面的情况。薄而有弹性的手套让宇航员方便摸到小的物体和使用工具。

这名宇航员在200多千米的高空自由飘浮，为宇宙飞船和空间站项目测试舱外活动系统。这张图片是从“发现号”航天飞机上拍摄的。

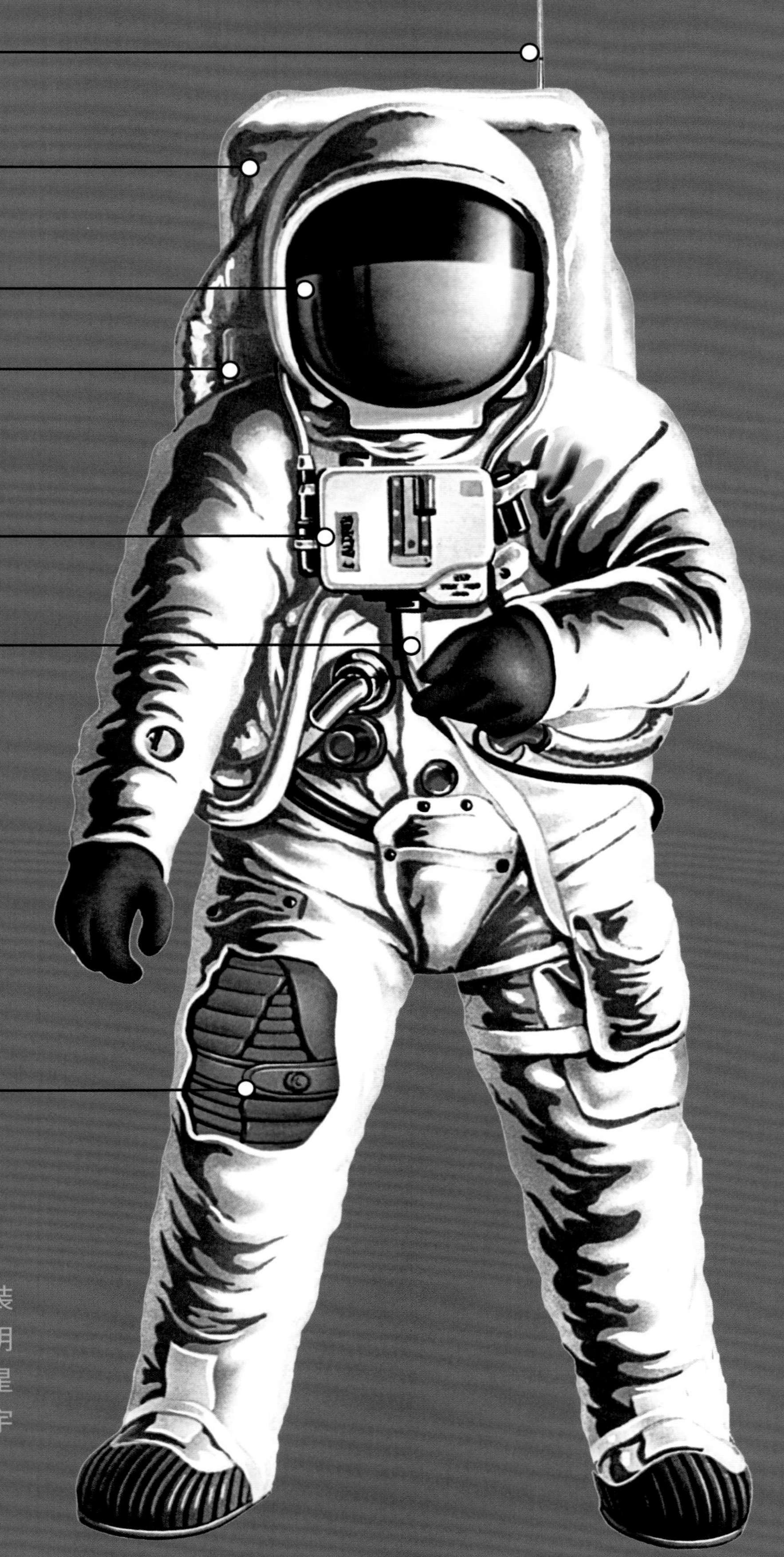

这款宇航服是“阿波罗号”宇航员在月球上行走时穿的装备。在这个太阳下非常热而阴暗处又非常冷的没有空气的星球上，宇航服的多层设计给宇航员提供充分的保护。

空间站

研究太空最好的地方是在太空中，而对于人类来说，生活在太空中的最佳方式就是在空间站里。空间站是指停留在轨道上的大型航天器。空间站里有观测台、实验室、工作室和生活区域。空间站至少有一个对接口，来访的航天器可以在那里进行对接。

苏联在1971年发射了第一个空间站——“礼炮号”。接下来的15年里，苏联又发射了6个“礼炮号”宇宙空间站。“和平号”空间站在1986年取代了最后一个“礼炮号”空间站。

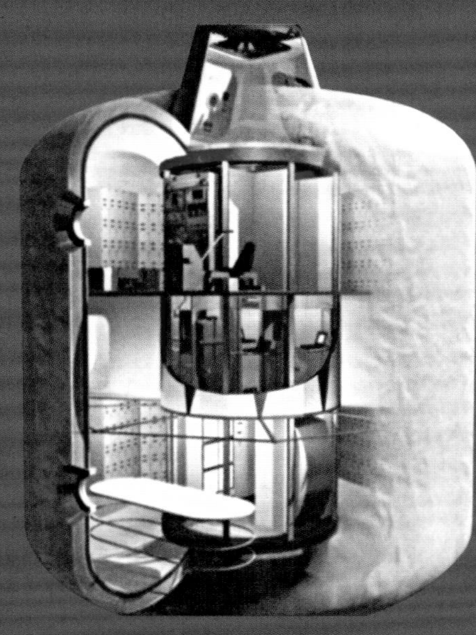

安装在国际空间站的充气式太空居住舱内部结构剖面。最底层是公共生活区域；中间层是驾驶员和宇航员休息的区域；最上层是为宇航员提供洗浴、锻炼和医疗设施的区域。

1995年6月，美国航天飞机“亚特兰蒂斯号”与“和平号”空间站对接。这是美国航天器第一次与国际空间站对接。宇航员们在失重的情况下做实验，并将失重对身体的影响做了相关记录，同时，他们还研究地球表面及宇宙。“和平号”空间站一直使用到2001年，废弃后返回地球。

宇航员可以在空间站里连续待上数月。1995年3月，俄罗斯宇航员瓦列里·波利亚科夫在太空中度过了创纪录的438天后，返回地球。美国宇航员香农·卢西德于1996年在“和平号”空间站中待了188天，这是美国宇航员执行太空任务的最长时间纪录。

国际空间站（ISS）

国际空间站从1998年开始建造，所需部件由美国航天飞机和俄罗斯火箭送入太空。当然，很多其他国家也参与了国际空间站项目。三位宇航员组成的小组在2000年开始在部分建造好的空间站中生活和工作。2003年坠毁的“哥伦比亚号”航天飞机让国际空间站的建设中断。2005年工程重新启动，可惜由于航天飞机的安全和成本问题时断时续。

太空实验室和天空实验室

美国的第一个空间站叫天空实验室，发射于1973年。三位宇航员组成的小组到访空间站，进行医学实验，拍摄地球，并观察太阳。他们分别在太空中停留了28天、60天和84天，打破了当时所有的纪录。美国宇航局官员希望天空实验室能在轨道上停留得久一些，这样可以主持实施航天飞机的任务，但在1979年，天空实验室从轨道上坠落并解体。

1983—1998年，四位来自美国和欧洲的科学家在太空实验室进行了各种科学实验。太空实验室由欧洲航天局建造，可以安装在航天飞机的货舱内。科学家从实验室、航天飞机的轨道飞行器或地面操作这些仪器。每项任务都聚焦于某一个特定科学或技术领域的研究工作。

国际空间站拥有天文观测台、实验室和工作室。宇航员们可以在舱体生活和工作，太阳能电池板能够提供电力。

登上月球

迄今为止，宇航员做过的最激动人心的事情就是去月球旅行了。三位宇航员一起乘坐“阿波罗号”宇宙飞船前往月球。每艘“阿波罗号”宇宙飞船都由三部分组成。第一部分是指挥舱，用来搭载宇航员。第二部分是服务舱，携带设备和火箭发动机。第三部分是登月舱，可以把宇航员送到月球表面。宇宙飞船是由强大的“土星五号”运载火箭发射的，这是有史以来最高的火箭。这次到月球的旅程花费了大约三天的时间。

第一批宇航员于1969年7月20日登陆月球，他们是来自“阿波罗11号”的尼尔·阿姆斯特朗和巴兹·奥尔德林。阿姆斯特朗是第一个登上月球的人。当他踏上月球时说：“这是我个人的一小步，却是人类的一大步。”

共有12名宇航员从6艘“阿波罗号”宇宙飞船上登陆月球。他们收集岩石、拍照、做实验。宇航员还建立了科学站，通过无线电把他们的成果传回地球。在宇航员返回地球后很长一段时间，空间站仍在继续工作。

登陆月球

1. 当“阿波罗号”宇宙飞船进入绕月轨道运行时，三名宇航员中有两名要进入登月舱。
2. 登月舱与飞船分离。
3. 当登月舱靠近月球表面时，机组人员点燃火箭发动机，这是为了登月舱能够在下降时减速并平稳地落在月球上。
4. 当登月舱再次起飞时，它将一个小型发射台留在了月球上。

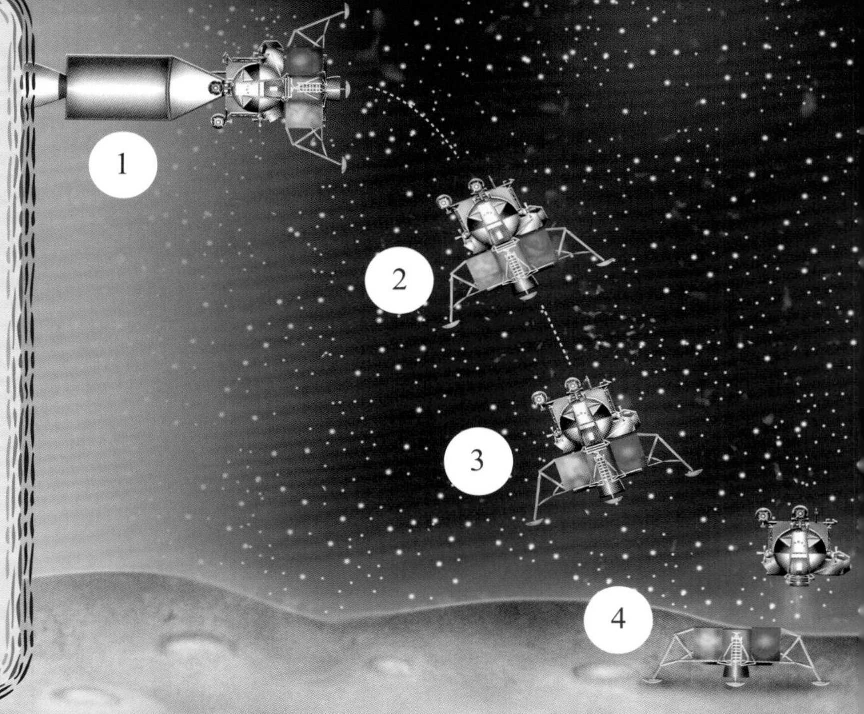

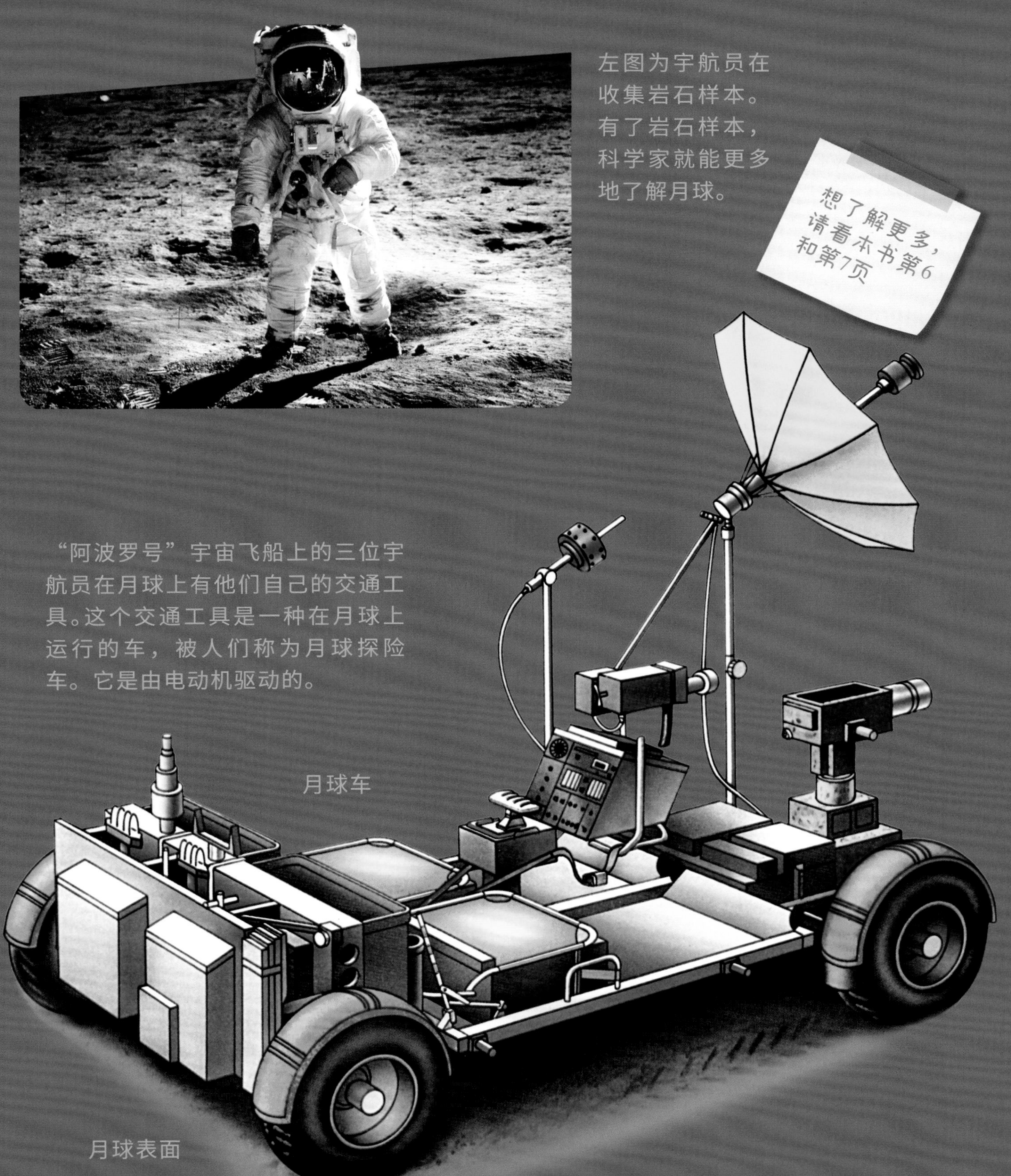

左图为宇航员在收集岩石样本。有了岩石样本，科学家就能更多地了解月球。

“阿波罗号”宇宙飞船上的三位宇航员在月球上有他们自己的交通工具。这个交通工具是一种在月球上运行的车，被人们称为月球探险车。它是由电动机驱动的。

空间探测器

上图展示的是“麦哲伦号”空间探测器在金星附近飞行。下图展示的是行星间空间探测器卡西尼号。

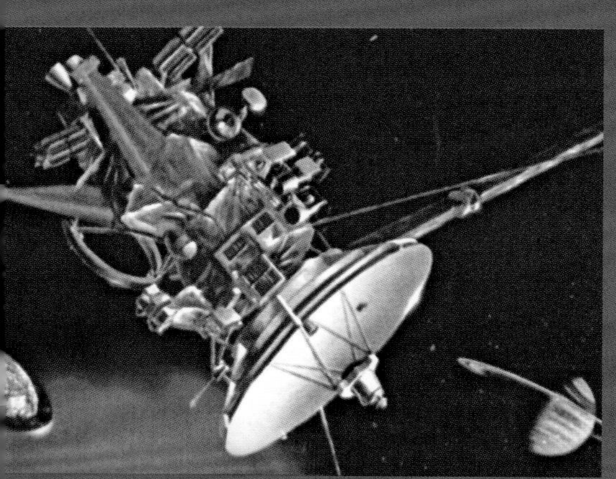

宇宙飞船机器人又称空间探测器，它们携带照相机和仪器，通过无线电把行星的信息发回地球。

1990年，“麦哲伦号”到达金星，并传回了金星表面的火山和其他特征的雷达图像。1995年，“伽利略号”到达木星，围绕木星及其四颗最大的卫星运行，并进行了研究。

1997年，“卡西尼号”前往土星和土星最大的卫星土卫六，自2004年7月1日开始绕土星轨道运行，并发射了另一个名叫“惠更斯号”的探测器。“惠更斯号”穿过土卫六大气层降落，收集相关信息。

“火星奥德赛号”在2001年开始环绕火星轨道运行，并收集了关于火星上冰冻水储量和位置的宝贵信息。2012年8月，“好奇号”到达火星表面，它的首要目的是考察火星的岩石和土壤，以辅助确定火星上是否有生命曾经存在。2021年2月，“毅力号”成功登陆火星，它是目前最大的行星漫游车。

1990年，欧洲航天局发射了“尤利西斯号”，它是第一台从太阳两极轨道观测太阳的探测器。2001年，美国发射了“创世纪号”。2004年，其返回舱携带着太阳风（太阳向外流动的物质）的样本降落在地球上。

1996年，美国发射了近地小行星会合探测器，它是第一艘绕小行星轨道运行的探测器。2000年，更名为“舒梅克尔号”的近地小行星会合探测器开始了为期一年的绕爱神星的轨道运行。2001年，它在爱神星表面着陆，成为第一个在小行星上着陆的探测器。

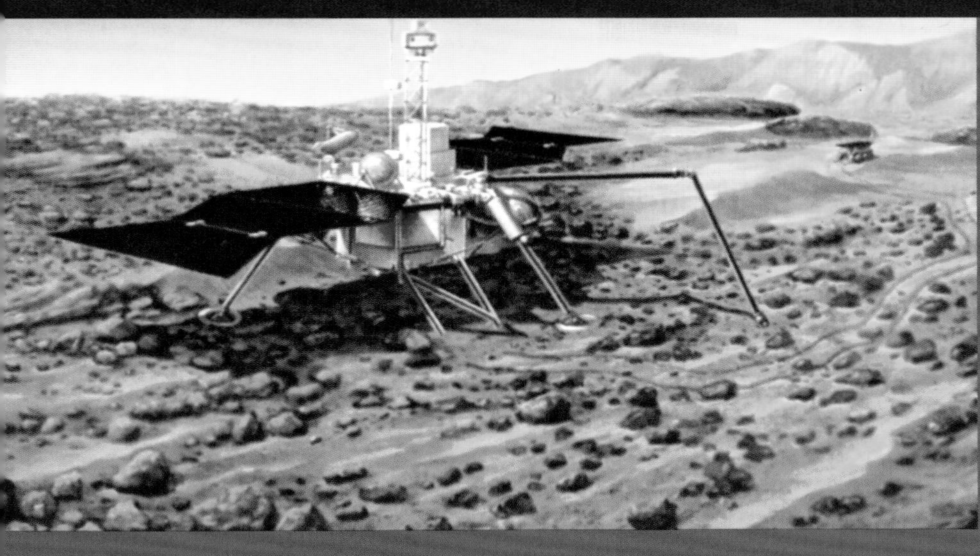

着陆器

许多空间探测器已经在行星上着陆，并从行星表面传回报告。名为“金星号”的俄罗斯探测器是第一个在行星上着陆的探测器，于1970年降落在金星上。1976年，美国国家航空航天局的“海盗号”探测器登陆火星，并传回了火星的图像。20多年后，美国国家航空航天局的“火星探路者号”探测器登陆火星。它释放了一个名为“旅居者号”的小型飞行器。“旅居者号”拍摄了上千张火星表面的照片，并且收集了有关火星岩石、土壤和天气等的信息。

2003年，两艘名为“火星2003遨游者”的探测器发射。2004年降落在火星表面后，这两艘被分别命名为“勇气号”和“机遇号”的孪生遨游者探测器开始从火星传回数据和图像。

2004年，“信使号”探测器发射，于2011年飞越金星，绕水星运行。2006年，“金星快车号”在发射一年后进入环绕金星运行的轨道。

上方左图展示了“火星极地着陆者”探测器到达火星表面的情况。这个探测器原计划在1999年登陆火星，但因为与它的联系中断，科学家认为它已经在火星表面撞毁了。

上方右图展示的是“好奇号”火星探测器。

下图是“火星探路者号”着陆器拍摄的火星表面壮观的全景图像。

发现之旅

1977年8月20日，“旅行者2号”探测器被送入太空。两星期之后，“旅行者1号”探测器出发了。这两艘旅行者号是不同型号的空间探测器。它们的任务是抵达太阳系中更遥远的行星，并将其相关信息传回地球。之前，还从来没有宇宙飞船在太空中旅行这么远的距离。

旧式装备

“旅行者1号”和“旅行者2号”探测器各自携带了11个仪器，其中包括远程控制计算机、电视摄像机、射线探测器、红外线传感器和紫外线传感器及磁力计等。这些仪器记录了太阳系的信息，并把信息传回地球。自从旅行者号探测器发射以来，科技已经有了迅猛发展。一台现代笔记本电脑比当年旅行者号上的计算机功能更强大。科学家们也更新了探测器上的计算机程序，并通过来自地球的远程控制进行维修。

“旅行者2号”之旅

1.1977年8月20日，“旅行者2号”探测器从地球上发射，以大于4.0×10^4km/h的速度运行。利用行星间的重力和拉力等原理，太空探测器以越来越快的速度从一个行星弹射到另一个行星。

2.1979年7月9日，“旅行者2号”探测器在距离木星最近的地方发现了三颗卫星。行星的引力使旅行者2号的速度增加到约4.9×10^4km/h。

3.1981年8月26日，“旅行者2号”探测器以5.44×10^4km/h的速度经过土星。它的记录显示，土星卫星比人们原先设想的多了9颗。

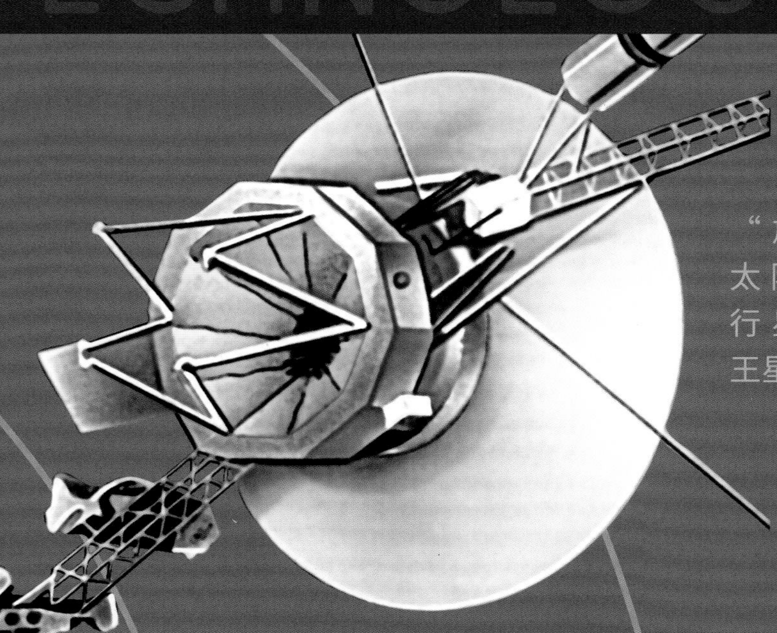

"旅行者2号"前往太阳系中最远的两颗行星——天王星和海王星。

旅行者2号

海王星

天王星

"旅行者1号"的成功

1980年，在发射3年后，"旅行者1号"到达土星最大的卫星土卫六。探测器在那里发现了与地球上类似的化学物质。但是土卫六太冷了，这些化学物质无法像在地球上那样形成生命体。2013年，美国国家航空航天局的科学家宣布"旅行者1号"成为首个飞越日球层顶的宇宙飞船。日球层顶是指太空中太阳风停止向外流动的地方。

"旅行者2号"的成功

在"旅行者2号"离开地球的12年后，它终于到达了海王星。"旅行者2号"航行了接近7.1×10^9km。2004年，"旅行者1号"穿越了一个激波，表明它已经离开太阳系，进入了距离太阳1.4×10^{10}km的星际空间。"旅行者2号"于2007年在距离太阳1.26×10^{10}km远的地方进入星际空间，这表明太阳系并非一个完美的圆形。

"旅行者1号"和"旅行者2号"都携带了收录地球上各种经典声音的唱片，以备在太阳系外发现可能存在的外星文明。

5.任务结束。1989年8月25日，"旅行者2号"探测器在距离海王星上方云层4800km的地方飞越。我们知道，在这颗行星上没有任何生物可以生存。

4.1986年1月24日，"旅行者2号"探测器在天王星上发现了10颗新卫星。此时，"旅行者2号"探测器的速度已经达到5.92×10^4km/h。

致谢

《少年科学家》出版者为在本书中使用的照片向以下摄影师、出版商、代理机构以及公司表示诚挚的感谢。

封面	© TheSupe87/Shutterstock; © MichaelRansburg, Shutterstock
2, 3	© NASA
6, 7	© Getty Images
16, 17	© JPL/NASA; JPL/NASA; NASA
18, 19	© Getty Images
20, 21	© Joe McNally/Getty Images
22~27	© NASA
28, 29	© Getty Images;NASA/Marshall Space Flight Center
32, 33	© Getty Images
34, 35	© NASA
36, 37	© NASA/Goddard Space Flight Center
38~49	© NASA
50, 51	© NASA/Getty Images
52, 53	© NASA/JPL

插图绘制人员

Martin Aitchinson
Nigel Alexander
Hemesh Alles
Martyn Andrews
Sue Barclay
Richard Berridge
John Booth
Lou Bory
Maggie Brand
Stephen Brayfield
Bristol Illustrators
Colin Brown
Estelle Carol
David Cook
Marie DeJohn
Richard Deverell
Farley, White and Veal
Sheila Galbraith
Peter Geissler
Jeremy Gower
Kathie Kelleher
Stuart Lafford
Francis Lea
John Lobban
Louise Martin
Annabel Milne
Yoshi Miyake
Donald Moss
Eileen Mueller Neill
Teresa O' Brien
Paul Perreault
Roberta Polfus
Jeremy Pyke
Trevor Ridley
Barry Rowe
Don Simpson
Gary Slater
Lawrie Taylor
Gwen Tourret
Pat Tourret
Peter Visscher
David Webb
Gerald Whitcomb
Matthew White
Lynne Willey